MICHEL ABDOLLAHI

ES IST UNSER LAND

Wir dürfen Deutschland nicht den Rechten überlassen

HOFFMANN UND CAMPE

MIX
Papier | Fördert gute Waldnutzung
FSC® C014496

1. Auflage 2025

Harvestehuder Weg 42, 20149 Hamburg, produktsicherheit@hoca.de
www.hoffmann-und-campe.de
Umschlaggestaltung: © wilhelm typo grafisch, Zollikon
Umschlagabbildung: © Marc Huth (Porträt) sowie Adobe Stock
Satz: Dörlemann Satz, Lemförde
Gesetzt aus der Sabon LT Std
Druck und Bindung: GGP Media GmbH, Pößneck
Printed in Germany
ISBN 978-3-455-02041-0

HOFFMANN UND CAMPE

Ein Unternehmen der
GANSKE VERLAGSGRUPPE

Für Deutschland – das nicht weiß,
wie das passieren konnte.
Für das ich aber immer noch hoffe.

Inhalt

Deutschland schafft mich – ein Prolog

Es gibt Momente, die sich in die Erinnerung brennen und dort so präsent sind, als ob sie erst gestern gewesen wären. Für mich ist einer dieser Momente ein Samstagmorgen in den Neunzigerjahren. Ich saß mit meiner Mutter in der Küche, und wir sprachen über meine Einbürgerung. Ich wollte reisen, die Welt erkunden, frei sein und nicht immer nur in Deutschland hocken. Als Iraner brauchte man damals jedoch für fast jedes Land ein Visum (daran hat sich bis heute nichts geändert). Meine Schulfreunde waren schon in die Planungen vertieft: Interrail, Australien, Kibbuz. Ich dagegen hatte nur eine Option: mit meiner Oma in den Iran zu fahren.

Um endlich Deutscher zu werden, hätte ich damals meinen iranischen Pass abgeben müssen. »Das wirst du nicht machen. Das wirst du nie machen. Glaube nicht, dass man dir den nicht irgendwann wieder wegnehmen kann. Dann hast du gar nichts mehr«, sagte meine Mutter. Ich dagegen glaubte an das Grundgesetz und daran, dass die aus der deutschen Geschichte gewonnenen Grundsätze noch Bestand hatten.

Heute ist mir mehr denn je bewusst, dass wir niemals vergessen dürfen, was in diesem Land möglich war, als Macht über Menschlichkeit triumphierte. In den finstersten Jahren deutscher Geschichte – unter dem Terror des Nationalsozialismus – wurde die Staatsbürgerschaft zur Waffe. Ein Stück Papier entschied über Zugehörigkeit oder Auslöschung, über Leben oder Verfolgung. Wer nicht passte, wer widersprach, wer anders war, dem wurde die Staatsangehörigkeit entzogen. Und mit ihr: der Schutz, die Rechte, die Würde. Hunderttausenden wurde das Deutschsein aberkannt: Jüdinnen und Juden, Sozialistinnen und Sozialisten, Künstlerinnen und Künstlern, Intellektuellen – Menschen, die dieses Land bereicherten, wurden entwurzelt und entrechtet. Der Entzug der Staatsbürgerschaft war nicht bloß Verwaltungsakt – er war Teil eines unmenschlichen Systems, das Menschen vernichten wollte. Die Mütter und Väter des Grundgesetzes hatten aus der Zeit des Nationalsozialismus ihre Lehren gezogen.

> »Die deutsche Staatsangehörigkeit darf nicht entzogen werden.« *Art. 16 GG*

Dieser Satz ist keine juristische Floskel. Er ist eine Brandmauer gegen staatliche Willkür. Er ist das Versprechen unserer Demokratie, dass niemand mehr aus diesem Land hinausdefiniert wird, nur weil er unbequem, anders oder unerwünscht erscheint. Wer fordert, Menschen den Pass zu nehmen, weil sie angeblich »nicht dazugehören«, rührt an den Grundpfeilern der demokratischen Verfassung. Wer den Entzug der Staatsangehörigkeit diskutiert, stellt sich gegen die Lehren aus ebenjener finsteren Geschichte – und gegen die Menschlichkeit selbst. Nein, wir verteidigen Artikel 16! Nicht aus juristischem

Dogmatismus, sondern aus moralischer Pflicht. Die Zugehörigkeit zu einer demokratischen Gesellschaft darf nie wieder von Ideologie, Herkunft oder Meinung abhängig gemacht werden. Die Würde des Menschen ist unantastbar – und mit ihr die Rechte, die ihm zustehen. Wer das vergisst, verrät nicht nur das Grundgesetz. Er verrät die Geschichte, die uns gewarnt hat.

Wusstest du das denn alles nicht, Mutter? Doch sie war anscheinend schlauer als ich. Oder weitsichtiger. Am 7. Januar 2025 verkündete Friedrich Merz, dass »eine Aberkennung der deutschen Staatsbürgerschaft möglich sein« müsse. Der Rest, wann wie wo was wer, war wohl irrelevant, Auslegungssache, aber die Sachen legt ohnehin immer der aus, der am längeren Hebel sitzt.

Wenn man mich raushaben will, dann findet man schon einen Weg. Ich bin nicht so naiv, zu glauben, dass die Aussage von Friedrich Merz im Lauf der Zeit nicht noch weiter verschärft und ausgeweitet werden wird. Merz formulierte hier nur den Startschuss. Wie so oft in der Politik. Die Wahrheit ist der Bevölkerung nämlich nur scheibchenweise zuzumuten. Ich habe in meinem ersten Buch schon davor gewarnt, dass die sogenannte Brandmauer der CDU/CSU zur AfD nur ein Lippenbekenntnis ist. Tut mir leid, das sagen zu müssen, aber mit dem 29. Januar 2025, als die Union mit den Stimmen der AfD eine Mehrheit im Bundestag für ihre Migrationspläne bekam, habe ich recht behalten.

Und dabei blieb es nicht. Nach der Bundestagswahl 2025, aus der die AfD als zweitstärkste Kraft hervorging, kam es innerhalb der Union zu kontroversen Debatten über den Umgang mit der Partei. Einige Unionspolitiker forderten eine offenere Haltung: Jens Spahn plädierte für einen pragmatischen Umgang mit der AfD im Bundestag. Der CDU-Abgeordnete Klaus-Peter

Willsch stimmte bei der Wahl zum Bundestagsvizepräsidenten für einen AfD-Kandidaten. In Sachsen-Anhalt forderte der CDU-Kreisverband Harz unter Ulrich Thomas offen die Aufhebung des Unvereinbarkeitsbeschlusses gegen die AfD. Sachsens Ministerpräsident Michael Kretschmer traf sich mit dem AfD-Landeschef zu politischen Gesprächen. CDU-Chef Friedrich Merz wiederum betonte die Ablehnung jeder Zusammenarbeit, ließ jedoch eine umstrittene gemeinsame Abstimmung im Bundestag geschehen. Und Julia Klöckner, die das zweithöchste Amt im Staat, das der Bundestagspräsidentin, bekleidet, warb kurz vor der Wahl auf Social Media ganz offen um AfD-nahe Wähler: »Für das, was ihr wollt, müsst ihr nicht AfD wählen. Dafür gibt es eine demokratische Alternative: die CDU.« Die Offerte wurde zu Recht als Gleichsetzung von CDU-Inhalten mit den rechtsextremen Forderungen der AfD verstanden.

Als Kind hing in meinem Zimmer ein Bild von zwei Händen. Die eine aus Fleisch und Blut, die andere ein Skelett, beide prosteten sich mit einem Glas Whisky zu. Darunter der Schriftzug »Schluck für Schluck kommt man sich näher«. Das war eine Werbung, um vor Alkoholmissbrauch zu warnen. Warum mein Vater dieses Poster aus Deutschland mitgebracht und über das Bett seines frischgeborenen Sohnes gehängt hatte, weiß ich nicht, es hat auch nichts gebracht, ich liebe Whisky, wie er auch, aber komischerweise kommt es mir immer wieder in den Sinn, wenn ich an Union und AfD denke: Schritt für Schritt kommt man sich näher.

Kennt ihr dieses Gefühl, wenn man auf einer Party ist, das Glas hebt und sagt: »Leute, passt auf, der Typ da drüben ist nicht nur betrunken, der reißt gleich die komplette Anlage um« – und genau fünf Minuten später liegt der DJ mitsamt Boxen auf dem

Boden? Genauso fühle ich mich. Nur dass die Party Deutschland heißt, der DJ die Demokratie ist und der Typ, der alles umschmeißt, nicht aus Versehen stolpert, sondern mit Ansage durchmarschiert. Während wir zuschauen und debattieren, ob wir etwas machen sollen, und wenn ja, was.

Als *Deutschland schafft mich* 2019 erschienen ist, meinten viele: »Michel, übertreib doch nicht. Du malst zu schwarz.« Wirklich? War das Schwarzmalerei? Oder einfach nur eine wirklichkeitsgetreue Schilderung der Lage und ein realistischer Blick in die Zukunft? Und glaubt mir, ich wäre lieber der Typ, über den alle lachen, weil sich keine seiner Prognosen bewahrheitet hat. Aber nun schreiben wir das Jahr 2025, und die Liste von damals, von fremdenfeindlichen Ereignissen in Deutschland, ist nicht nur angewachsen, sie ist inzwischen länger und erschreckender, als ich es jemals vermutet hätte.

Rechtsruck? *For real!* Viele haben gewarnt: Passt auf, die sitzen nicht nur am Rand. Und heute? Rechte Parolen direkt aus der »bürgerlichen Mitte«. Menschen, die vor ein paar Jahren »Ich bin ja nicht politisch« sagten, verteidigen jetzt rechtsextreme Narrative im Brustton der Überzeugung. Wenn ich mir heute meine Dokumentation *Im Nazidorf* anschaue – ich bin 2015 für vier Wochen nach Jamel gezogen, ein Dörfchen in Nordwestmecklenburg, dessen Bewohner größtenteils der NPD zugeneigt waren, um es höflich zu formulieren –, dann hört sich das, was der Obernazi Sven Krüger damals von sich gab, gelinde gesagt noch ziemlich freundlich an. Adolf Hitler? Den kannten einige der Neonazis in Jamel gar nicht. *Wer soll das denn gewesen sein?* Heute ist Hitler bekanntermaßen Kommunist. Ich glaube, er war sogar Russe und wollte Deutschland überfallen. Holocaust und Weltkrieg, alles historische Missverständnisse. Freiheitskämpfer, das war er.

AfD im Bundestag? Fakt! »Die schaffen die Fünf-Prozent-Hürde doch nie«, hieß es damals. Und heute? Sind sie zweitstärkste Kraft, nur wenige Prozentpunkte hinter der Union (je nach Umfrage auch mal vor ihr liegend!), und bestimmen die Oppositionspolitik. Und während sie wieder lauthals »Wir werden sie jagen« in die Mikrofone rufen, sitzen andere daneben und zucken mit den Schultern. In Österreich hat die rechtsextreme FPÖ sogar die Mehrheit geholt und wurde zwischenzeitlich mit der Regierungsbildung beauftragt. In Deutschland undenkbar? Dass ich nicht lache.

Die CDU koaliert mit der AfD? Kann ja mal vorkommen. Ich erinnere mich noch an die empörten Beteuerungen: »Mit uns niemals!« Ein bisschen öffentlicher Druck hier, ein paar Umfragewerte da – und plötzlich ist aus dem »Niemals« ein »Na ja, vielleicht doch« geworden. Grundsätze scheinen verhandelbar, wenn's um die Macht geht. Wer hätte das gedacht? Spoiler: Ich (und ganz viele mit mir).

Gesellschaftliche Spaltung? Auch das ist Realität. Wir reden nicht mehr miteinander. Wir reden aneinander vorbei. Oder schreien uns an. Die einen wollen zurück in eine Zeit, die es so nie gegeben hat, die anderen gucken fassungslos zu. Und in der Mitte? Viel Schweigen. Viel Wegschauen.

Ich sitze hier und frage mich: Was muss eigentlich noch passieren? Und dann denke ich: Michel, das hast du dich doch auch schon vor Jahren gefragt. Und jetzt sind wir hier. Mit mehr Spaltung, mehr Angst, mehr »Das konnte ja keiner ahnen«. Wirklich nicht? Wir haben alle zugesehen, wie die Risse größer wurden. Haben darüber diskutiert, ob man rechte Wähler verstehen muss. Muss man nicht. Man muss sie stoppen. Punkt.

Und: Was kommt da noch? Was wartet auf uns in den nächsten Jahren, wenn wir weiter die Augen verschließen? Ein paar Ausblicke gefällig? Ich weiß, sie sind nicht schön. Aber sie sind ehrlich.

Wenn wir nichts tun, werden wir in fünf Jahren sehen, wie rechtsextreme Parteien in Landtagen stärkste Kraft werden (wie schon in Thüringen 2024 geschehen). Wir werden erleben, wie der gesellschaftliche Diskurs weiter kippt: Was heute Tabubruch ist, ist morgen »nur ehrlich gemeint«. Wir werden uns daran gewöhnen, dass Politiker bedroht, Journalisten angegriffen und Wissenschaftler diffamiert werden, und zwar noch viel drastischer als heute. Und wir werden sehr wahrscheinlich eine Kanzlerin oder einen Kanzler sehen, der mit rechtspopulistischen Stimmen regiert, ob nun aus Versehen, mit Ansage oder mit was auch immer.

Klingt weit hergeholt? Das dachte man vor ein paar Jahren mit Blick auf andere Länder auch. Schauen wir nach Ungarn: Viktor Orbán hat die Demokratie in dem Land langsam erstickt – mit angeblich demokratischen Mitteln. Er hat die Medien gleichgeschaltet, die Justiz unter seine Kontrolle gebracht. Begonnen hat das Ganze mit ein paar harmlosen Sprüchen über die »Brüssel-Diktatur«. Ganz ähnlich in Italien. Oder eben in Österreich. Von den USA ganz zu schweigen.

Populismus macht nicht an Grenzen halt. Und Radikalisierung fängt meistens leise an und endet laut. Geschichte muss sich nicht wiederholen – aber sie kann, wenn wir nichts dagegen tun.

Ich sitze hier, tippe diese Zeilen, und ganz ehrlich: Ich bin traurig. Nicht wütend. Traurig. Weil ich weiß, wie viel besser wir sein könnten. Wie viel empathischer, aufmerksamer, klüger. Aber wir verlieren uns in Banalitäten. Wir diskutieren darüber, ob »Deutschsein« ein Gefühl oder ein Pass ist, während rechte

Netzwerke das Land unterwandern. Wir streiten darüber, ob geschlechtsneutrale Toiletten »zu viel« sind, während ein irregewordener Tech-Milliardär Rechtsradikalen quer über den Atlantik den Steigbügel hält.

Und was mache ich? Schreibe wieder ein Buch. Sage wieder voraus, was passieren wird. Nicht weil ich Spaß daran habe, weil ich recht behalten möchte oder meine Klugheit unter Beweis stellen will. Nein, weil ich die Lage unmissverständlich und klar benennen möchte und weil ich hoffe, dass vielleicht jemand aufwacht. Vielleicht du. Vielleicht dein Nachbar, deine Nachbarin. Vielleicht ein Bürgermeister, der merkt: Wegschauen hilft nicht.

Lasst uns ein Experiment wagen, eine Art Wette. Wir sprechen uns in fünf Jahren wieder. Dann sitzen wir zusammen, bei einem Kaffee oder einem Whisky, wahrscheinlich bei beidem. Und ich frage dich: »Hab ich es nicht gesagt?« Und du? Du wirst seufzen, lächeln und sagen: »Ja, Michel, du hast es gesagt.«

Aber vielleicht auch nicht. Vielleicht dreht sich was. Vielleicht schreiben wir eine andere Geschichte. Ich wäre der Erste, der sich freut. Ehrlich.

Bis dahin: Hört hin. Schaut hin. Handelt. Und vor allem: Habt keine Angst.

Ein kurzer Ritt durch die Geschichte – zur Einstimmung

Dieses Buch ist ein Versuch, die Entwicklungen der letzten Jahre zu verstehen. Sie nicht zu überzeichnen, aber auch nicht zu beschönigen. Es ist keine einfache Geschichte, aber eine notwendige. Die Fehler der Vergangenheit lassen sich nicht rückgängig machen, aber sie können ein Warnsignal sein. Ein Warnsignal, nicht mehr wegzuschauen. Denn die Ignoranz hat ihren Preis. Er zeigt sich in erschütterten Demokratien, in der Normalisierung von Hass und in einer Gesellschaft, deren einzelne Teile immer weiter auseinanderdriften.

Diese Geschichte beginnt nicht 2015 mit der sogenannten Flüchtlingskrise. Sie beginnt weit davor. Aber sie hat sich beschleunigt. Und sie endet nicht im Hier und Jetzt. Die Fragen nach Zugehörigkeit, Gerechtigkeit und Zusammenhalt werden bleiben. Die Herausforderung besteht darin, sie fair und ausgewogen zu beantworten, mit Empathie, Verstand und kühlem Kopf. Und nicht mit Schaum vorm Mund, getrieben von Panikmache und Hysterie. Denn eines ist sicher: Noch gibt es berechtigte Hoffnung, dass unsere Gesellschaft den Bestrebungen von ganz weit rechts widersteht. Aber diese Hoffnung glimmt nur noch leise, während die anderen – der Hass, die Verachtung, der Populismus – viel zu laut sind. Sie weiter zu ignorieren, wäre schlicht fatal.

Die Achtziger – Unsichtbare Gäste

Ich habe heute, dreißig Jahre später, mit meiner Mutter über den Moment von damals gesprochen. Sie zuckte nur mit den Achseln. Für uns war Deutschland das Land der Hoffnung, aber auch das Land der ständigen Prüfung. Wir mussten immer ein bisschen mehr geben, immer ein bisschen besser sein, um akzeptiert zu werden. Und stets blieb die Frage: Ist es irgendwann genug?

Die Achtzigerjahre waren geprägt von einer scheinbaren Stabilität, die viele aus der Generation meiner Eltern täuschte. Die Wirtschaft florierte, Deutschland ging es gut – und dennoch gab es Risse, die sich tief durch die Gesellschaft zogen. Die »Gastarbeiter« – ein Begriff, der schon immer irreführend war – waren längst keine Gäste mehr. Sie hatten sich eingerichtet, Häuser gebaut, Kinder bekommen. Doch diese Kinder, meine Generation, waren für viele Menschen eine ständige Erinnerung daran, dass die Idee der Homogenität in Deutschland nicht wirklich gültig war. In der Schule spürte ich das ganz unmittelbar. Während andere Kinder unbeschwert von ihren Ferien erzählten, wurde ich gefragt, ob wir »zu Hause« waren. »Zu Hause«, das war nicht Deutschland, sondern ein Land, das ich nur aus den Erzählungen meiner Eltern kannte. Es war das Land meiner Wurzeln, aber nicht meiner gelebten Realität. Das war Deutschland, aber hier hatte ich keine Wurzeln – ein

Widerspruch, der sich durch mein ganzes Leben ziehen sollte. Integration war kein Begriff, der in den Achtzigern weithin geläufig war. Dahinter steckte vielmehr eine unausgesprochene Bedingung: Du kannst bleiben, solange du dich anpasst. Aber was bedeutete Anpassung? Es bedeutete, nicht aufzufallen, die Sprache fehlerfrei zu sprechen, ja sogar Gestik und Mimik der Deutschen zu übernehmen. Doch egal, wie sehr man sich bemühte, die Frage »Woher kommst du?« blieb. Sie war weniger eine Frage als eine Feststellung: Du gehörst nicht hierher.

Die Neunziger – Hoffnung und Hass

Mit dem Fall der Mauer und der Wiedervereinigung Deutschlands begann ein neues Kapitel. Für viele war es eine Zeit voller Hoffnung. Endlich vereint, endlich eins. Die Straßen waren gefüllt mit Menschen, die feierten, lachten, sich in den Armen lagen. Auf den Titelseiten der Zeitungen stand: *Wir sind ein Volk*, aber unter der Oberfläche brodelte es. Denn während die einen von Freiheit sprachen, fühlten sich die anderen betrogen. Arbeitsplätze verschwanden, ganze Industrien kollabierten. Schon bald standen sich Ost und West wieder feindlich gegenüber, nicht mehr durch Mauern getrennt, sondern durch Misstrauen, Vorurteile und Enttäuschung.

In Ostdeutschland wuchs der Frust. »Ihr seid nicht die Verlierer der Einheit«, hieß es offiziell. Aber weil Fabriken schlossen, Löhne sanken und Perspektiven verschwanden, fühlten sich viele genau so: als Verlierer. Und wenn Wut keinen Ort findet, sucht sie sich ein Ventil. Dieses Ventil hieß damals: Fremde. Menschen, die anders aussahen, anders sprachen, anders waren. Der Hass brauchte keine Logik. Er brauchte nur ein Ziel.

Dieses Ventil ist bis heute geblieben. Denn Hass auf Fremde ist selten ursächlich. Er ist ebenjener Anlass für Frust, Angst und Kontrollverlust. Die wahren Probleme liegen anderswo: soziale Unsicherheit, politische Enttäuschung, gefühlte Bedeutungslosigkeit. All das traf schon in den Neunzigern auf die Ostdeutschen zu, und bis heute hat es sich nicht geändert. In vielen Teilen Ostdeutschlands ist nicht nur die Bushaltestelle verschwunden, sondern das ganze Leben. Die großen Gebietsreformen nach der Wende sollten effizient sein. Verwaltung modernisieren, Strukturen verschlanken, Geld sparen. Und sie haben geliefert – nur nicht für die Menschen. Rathäuser wurden dichtgemacht, Schulen geschlossen, Arztpraxen verlegt. Was blieb, war der Weg in die nächste Stadt. Wenn man ein Auto hatte. Wo der Staat ging, folgte das öffentliche Leben. Kein Laden, kein Schwimmbad, kein Café. Kein Ort, an dem man sich trifft, entscheidet und lebt. Ganze Dörfer wurden zu Wohnplätzen ohne Funktion – Zonen des Rückzugs und der Resignation. Die Jungen zogen weg, weil nichts mehr da war. Die Alten blieben – ohne Anbindung, ohne Stimme. Und wer blieb, bekam jahrzehntelang zu hören: »Für euch lohnt sich das nicht.«

Der Staat hat sich zurückgezogen – und damit auch Vertrauen, Zukunft, Selbstwirksamkeit. Wenn Menschen nicht mehr glauben, dass ihr Ort etwas wert ist, glauben sie irgendwann auch nicht mehr, dass ihre Stimme etwas wert ist.

Rechtsextreme haben früh erkannt, was Politik und Verwaltung übersehen haben: Die Leere im Osten ist nicht nur räumlich – sie ist emotional. Wo der Staat sich zurückgezogen hat, sind sie reingegangen. Wo der demokratische Staat sich zurückgezogen hat, zog der autoritäre Populismus ein. Nicht mit Gewalt. Sondern mit dem Versprechen: »Wir sehen euch.«

Mit einfachen Antworten auf komplexe Probleme. Mit Präsenz, wo niemand mehr präsent war. Statt sich gegen die Ursachen zu wenden – viel zu komplex, zu diffus und nur schwer greifbar –, richtete sich ihr Zorn auf ein Ziel, das sichtbar und schwach erscheint: die »Fremden«.

Ich erinnere mich an die Bilder von Rostock-Lichtenhagen im August 1992. Flammen, Wut, ein Mob, der klatschte, während ein Asylbewerberheim brannte. Menschen warfen Steine, Flaschen, Molotowcocktails. Polizeibeamte standen daneben – überfordert, hilflos, manchmal ignorant. Im Fernsehen zeigten sie die brennende Unterkunft, in der Menschen um ihr Leben fürchteten.

Für meine Eltern waren diese Bilder ein Schock, aber auch eine Warnung. Sie begannen, ihre Worte sorgfältiger zu wählen, ihre Routinen zu ändern. Ich weiß noch, wie ich bei uns im Schrebergarten (ja, wir hatten uns schnell überintegriert) meinen Geburtstag feierte. Als wir Kinder etwas lauter wurden, holte der Nachbar dramatisch die Fahne des Gartenvereins ein und hisste die Reichskriegsflagge. MITTAGSRUHE! Ich hatte keine Ahnung, was das war, aber meine Eltern kamen dann doch lieber mit, wenn wir das Grundstück verlassen wollten. Die Angst wurde ein ständiger Begleiter.

Und Rostock war nicht das einzige Warnzeichen. Hoyerswerda 1991: Angriffe auf ein Flüchtlingsheim über mehrere Tage hinweg. Menschen sprangen aus dem Fenster, während vor der Tür wieder applaudiert wurde. Mölln 1992, Solingen 1993: Brandanschläge auf türkische Familien. Tote, Trauer, Schock. Aber auch immer wieder dieselben Sätze: »Das sind doch Einzelfälle.« – »Nicht alle sind so.« Worte, die beruhigen sollten – aber nichts beruhigten.

Der Staat spricht übrigens bis heute bei Angriffen auf Migranten gern von »Einzelfällen«. Es klingt kontrollierbar, zufällig, beruhigend, nicht systemisch – und erspart politisches Handeln. Die Gesellschaft nimmt das bereitwillig auf, obwohl sie es besser weiß. Warum? Weil es bequemer ist. Wer den Rassismus als Ausnahme sieht, muss sich nicht fragen, wo er selbst wegschaut, schweigt oder profitiert. Ja, profitiert! Wer nicht als »fremd« gilt, bewegt sich sicherer, wird seltener kontrolliert und leichter anerkannt. Man hat besseren Zugang zu Wohnungen, Jobs und Chancen – einfach, weil andere aussortiert werden. Rassismus kostet die Betroffenen Kraft – und verschafft den Nicht-Betroffenen Ruhe. Genau deshalb bleibt er oft unsichtbar: weil viele von ihm profitieren, ohne es zu merken. Der »Einzelfall« ist die Entlastungslüge – für Behörden, für Medien und für alle, die sich nicht mit der unbequemen Realität auseinandersetzen wollen.

In den Nachrichten hörte ich ständig das Wort »Asylanten«. Es war ein Wort, das mit einer Schärfe ausgesprochen wurde, die mir schon als Kind Unbehagen bereitete. »Asylanten« – das waren eben keine Menschen, sondern Fremde, Eindringlinge, Probleme. Und obwohl ich kein Asylant war, spürte ich, dass auch ich gemeint war. Meine Hautfarbe, mein Name, meine Herkunft – all das machte mich zum Teil dieser Gruppe, die man ablehnte. Dann gab es noch das Wort »Kanake«. Auf dem Schulhof fiel es beiläufig, fast schon wie ein Spitzname. Wir, die Keneks, sollen nicht überempfindlich sein, hieß es, es sei ja »nicht böse gemeint«. Außerdem kommt »Kanacke« ja aus dem Hawaiianischen und bedeutet doch nur Mensch! Eigentlich ist es ein Kompliment! Wir sind doch alle Menschen! Dann sag's doch auf Hawaiianisch … Aber Worte bleiben. Vor allem die scharfen.

Die Politik? Schwankte zwischen Betroffenheit und Aktionismus. Helmut Kohl sprach von »braunen Rattenfängern«, aber Maßnahmen folgten nur zaghaft. Die Gesellschaft müsse zusammenhalten. Gleichzeitig wurde 1993 das Asylrecht verschärft. »Die Grenze der Belastbarkeit ist erreicht«, war zu hören. Als ob Schutzsuchende ein Problem wären, das man wegverhandeln könnte. Als ob Brandanschläge wie der von Solingen bedeuteten, man müsse nun weniger Hilfe gewähren, nicht mehr. Der Soziologe Wilhelm Heitmeyer warnte schon damals vor einem »Verrohungsprozess« in der Gesellschaft, der durch soziale Unsicherheit und politische Sprachlosigkeit befeuert werde. Aber Warnungen verhallen schnell, wenn sie unbequem sind.

Rückblickend waren die Neunziger ein Scheidepunkt. Hoffnung und Hass lagen nah beieinander. Während ein Teil des Landes versuchte, Brücken zu bauen, rissen andere sie ein. Während rechtsextreme Gruppen wie die Skinheads Sächsische Schweiz Jugendliche rekrutierten und Neonazi-Bands Konzerte als »politische Schulungen« tarnten, sahen viele weg. »Das geht wieder vorbei«, sagten sie. Ging es nicht. Es wuchs. Es grub sich ein. In der Sächsischen Schweiz, genauer in Pirna, regiert heute übrigens der erste AfD-Oberbürgermeister mit einer Mehrheit im Stadtrat. Ich habe Freunde in der Stadt, sie raten mir aber dringend davon ab, sie zu besuchen. Germany 2025.

Wissenschaftliche Studien belegen, dass die Neunzigerjahre den Nährboden für den aktuellen Rechtsruck gelegt haben. Das Gefühl von »Wir zuerst«, das Misstrauen gegenüber der Politik, den politischen Entscheidungsträgern, die Skepsis gegenüber »dem Fremden« – all das hat seine Wurzeln in dieser Zeit. Es ist kein Geheimnis, dass wirtschaftliche Unsicherheit, verbunden mit kultureller Überforderung, eine gefährliche Mischung ist. Und genau diese Mischung brodelte in den Neunzigern. Viele Ostdeutsche fühlten sich nach dem Mauerfall und der Wiedervereinigung immer mehr als Bürger zweiter Klasse. Die versprochenen »blühenden Landschaften« waren für viele gleichbedeutend mit Arbeitslosigkeit. Wenn in den Medien dann noch eine »Flut« von Geflüchteten, von Migranten, von »den anderen« suggeriert wurde, war es leicht, Schuldige zu benennen.

Auch der Westen war dagegen nicht immun. In Städten wie Hamburg, Frankfurt, München gab es Übergriffe, Attacken, Hass. Nicht immer laut, nicht immer mit Feuer und Flammen. Aber auch die leise Ausgrenzung war gewalttätig, die Blicke und Kommentare. »Integration« war ein Wort, das viel forderte, aber wenig Angebote machte. »Sie sollen sich anpassen«, hieß es. Aber was, wenn die Anpassung bedeutet, sich kleiner zu machen?

Meine Eltern verstanden die Botschaft schnell: »Seid dankbar, dass ihr hier sein dürft. Fragt nicht zu viel. Fordert nicht zu viel. Lernt, denn: *Tavana bovad har ke dana bovad.*« Der berühmte Vers des persischen Dichters Ferdowsi – Wissen ist Macht –, der vor der islamischen Revolution auf jedem Zeugnis geschrieben stand – egal ob für die Grundschule oder die Habilitation – und wahrscheinlich dazu geführt hat, dass die iranische Gesellschaft bis heute Wissen und Weisheit als ein zentrales Gut ihres Selbstverständnisses wahrnimmt, blieb für uns das Dogma der Zugehörigkeit. Sei immer etwas besser als die anderen, dann wird man dich akzeptieren. Früh übt sich, wer eine Gesellschaft nachhaltig beeinflussen möchte, Ferdowsi. Im Iran hat es trotz Revolution geklappt. Vielleicht klappt es ja auch hier bei mir.

Wenn ich an die Neunziger zurückdenke, frage ich mich: Hätten wir damals mehr tun können? Die Entwicklungen erkennen und besser einordnen können? Die Antwort ist: Ja. Es gab Stimmen, die warnten. Menschen, die protestierten. Aber sie waren leise. Zu leise gegen das Johlen vor den brennenden Flüchtlingsheimen. Die Politik reagierte – aber oft erst, wenn es schon zu spät war. Die Medien berichteten – aber manchmal mit Worten, die eher Öl ins Feuer gossen als Aufklärung brachten. Und wir? Wir dachten: »So schlimm wird es schon nicht werden.«

Heute, Jahrzehnte später, sehen wir, was damals gesät wurde. Die Narrative von »Überfremdung«, von »denen da oben« gegen »uns hier unten« – sie sind nicht neu. Es sind alte Geister in neuen Kleidern. Die Angst vor dem anderen, vor Veränderung, vor Kontrollverlust – sie wurde in den Neunzigern genährt, und ihre Wurzeln konnten sich fest im Boden verankern.

Wenn ich heute die Debatten verfolge, die Parolen höre, die Blicke spüre, frage ich mich: Haben wir gar nichts gelernt? Oder wollen wir einfach nicht hinsehen? Die Neunziger haben gezeigt, wie schnell Hoffnung kippen kann. Wie schnell aus einem »Wir sind ein Volk« ein »Wir gegen die« wird. Die Lage, vor der wir heute fassungslos stehen, hat sich nicht aus dem Nichts gebildet. Ganz im Gegenteil, sie ist bereits seit den Neunzigern da und hat sich stetig weiter verfestigt. Die Frage ist: Was machen wir diesmal anders?

Die Zweitausender – die zweite Generation erhebt ihre Stimme

Mit der Jahrtausendwende änderte sich vieles, aber nicht alles zum Besseren. Im Grunde ging es sogar mit jedem Schritt nach vorn zwei Schritte zurück. Einer dieser Rückschläge hieß

»deutsche Leitkultur«. Anfang der Zweitausender stand plötzlich diese Debatte im Raum: Brauchen wir eine Leitkultur? Unklar war, was das überhaupt sein sollte. Bier, Bratwurst und Beethoven? Pünktlichkeit und Mülltrennung? Oder doch eher: keine Kopftücher, kein fremder Akzent, bitte, danke?

Die Forderungen waren teils skurril, teils haarsträubend. Es gab Politiker, die ernsthaft darüber diskutierten, ob man Migranten zum Besuch des Oktoberfests verpflichten sollte. Damit sie sich »besser einfühlen« konnten. Als wäre eine Maß Bier die Eintrittskarte zur Integration. In Talkshows hieß es: »Man muss doch wissen, wie Karneval funktioniert, wenn man hier lebt.« Ja, klar. Und wer nicht mitschunkelt, ist ein Integrationsverweigerer. Ergo ganz Norddeutschland direkt nach Dänemark ausgliedern.

Ein gewisser Friedrich Merz stand damals in der ersten Reihe dieser Debatte. Mit der rhetorischen Eleganz eines Vorschlaghammers erklärte er, dass, wer hier lebe, sich »unserer Leitkultur unterzuordnen« habe. Unterordnen – ein Wort, das mehr nach Befehl klingt als nach einem Willkommensangebot. Es ging bei der Debatte nicht darum, ein gemeinsames Wir zu finden. Es ging darum, ein »Wir gegen die« zu manifestieren. Der Islam? Passte nicht ins Bild. Kopftücher? Provokation. Die Muttersprache in den eigenen vier Wänden sprechen? Verdächtig. Es war eine Debatte, die nicht integrierte, sondern ausgrenzte.

Warum kam diese Debatte gerade damals auf? Weil Deutschland langsam begriff, dass Migration nicht vorübergehend war. Die »Gastarbeiter« waren geblieben. Ihre in Deutschland geborenen Kinder gingen nicht zurück in die »Heimat« ihrer Eltern. Sie blieben hier, lernten hier, lebten hier, wurden erwachsen. Sie gingen auf Universitäten, wurden Lehrer, Pflegekräfte, Künstler,

Anwälte – und forderten Rechte ein. Sie wollten nicht mehr nur geduldet werden. Sie wollten dazugehören. Nicht als »Ausnahmen«, nicht als »Vorzeigemigranten«, sondern als selbstverständlicher Teil der Gesellschaft. Das verunsicherte viele. Wer jahrelang dachte, Integration sei eine einseitige Angelegenheit, bekam nun plötzlich zu hören: »Wir sind doch schon da. Was wollt ihr denn noch?« Die Leitkultur-Debatte war eine Antwort auf diese Unsicherheit – leider die falsche. Statt Gemeinsamkeiten zu betonen, suchte man nach Unterschieden. Statt Brücken zu bauen, zog man Mauern.

Merz' Vorstoß scheiterte damals politisch. Die CDU verlor Wahlen, die Debatte versandete. Letztlich war sie zu plump, zu aggressiv und zu spaltend. Man wollte nicht als rückwärtsgewandt dastehen, während die SPD unter Gerhard Schröder Modernisierung predigte. Für viele war die Sache damit erledigt. »Wir haben das Thema geklärt«, dachten wir. »Diese fremdenfeindliche Rhetorik hat hier keinen Platz mehr.«

Doch was passierte? Merz – und mit ihm andere Politiker – wartete. Still und geduldig. Andere Themen dominierten, doch die Forderung nach einer »Leitkultur« war unterschwellig weiter da. Schwelte wie ein Glutnest, das nur auf den richtigen Wind wartete. Zwei Jahrzehnte später sprang Merz dann wieder hervor. Älter und mit dem Ansinnen, ein Staatsmann zu sein, aber mit derselben Botschaft: »Wir brauchen eine Leitkultur.« Dieses Mal war der Applaus lauter. Von Rechtsaußen natürlich, aber erst recht von der bürgerlichen Mitte. Warum? Was war anders als zu Beginn der Zweitausender?

Die Flüchtlingskrise – ein Wendepunkt

2015 markierte einen tiefen Einschnitt in der deutschen Gesellschaft. Millionen Menschen flohen vor Krieg, Hunger und politischer Verfolgung. Aus Syrien, aus Afghanistan, aus anderen arabischen Ländern, aus Afrika. Die Bilder von den Booten auf dem Mittelmeer und den endlosen Menschenketten an den europäischen Grenzen dominierten die Medien. Angela Merkels Worte »Wir schaffen das« prägten das Jahr, versprachen eine übergreifende Solidarität, wurden aber auch zum Auslöser für massive gesellschaftliche Spannungen.

Für viele waren Merkels Worte Ausdruck von Menschlichkeit und Verantwortung, während andere sie als Beleg für politischen Realitätsverlust werteten. Hunderttausende Freiwillige engagierten sich, verteilten an den Bahnhöfen Wasser, Essen und Spielzeug, verbreiteten eine Aufbruchstimmung, ein ehrlich gemeintes »Willkommen«. Doch an anderen Orten kochten Ressentiments hoch. Medien zeigten überfüllte Turnhallen, Politiker redeten von »Grenzen der Belastbarkeit«. Pegida marschierte durch Dresden, rechte Parolen hallten durch Städte, die sich vorher als weltoffen bezeichnet hatten. Es gab zahllose Übergriffe auf Geflüchtete, auf Migranten, und in den sozialen Netzwerken explodierten die Hassbotschaften. Die Gewalt auf der Straße und im Netz war bald kein Randphänomen mehr, sie war mitten in der Gesellschaft angekommen. Und plötzlich war auch das, was Merz zu Beginn der Zweitausender gesagt hatte, nicht mehr tabu, sondern Mainstream. Es wurde nicht mehr darüber diskutiert, wie man hilfsbedürftige Menschen aus anderen Ländern integrieren konnte, sondern wie sich »die Fremden« zu verhalten hatten, eher noch: Wie man sich der vielen Flüchtlinge erwehren konnte.

Auch international wehte der Wind anders. In Frankreich forderten Rechtspopulisten ein Burkaverbot. In Dänemark entstanden »Ghettolisten« für Stadtteile mit hohem Migrantenanteil. In Ungarn sprach Orbán von »ethnischer Homogenität als Ziel«. Was früher als extrem galt, war nun Teil öffentlicher Debatten. In Deutschland schauten viele auf die Nachbarländer und dachten: Wenn die das dürfen, warum nicht wir? »Wir wollen unser Land zurück«, war plötzlich keine rechte Parole mehr – sondern Common Sense. Die »Krise« wurde zur politischen Chiffre: ein gezieltes politisches Werkzeug, um Stimmungen zu erzeugen, Maßnahmen zu rechtfertigen, Macht zu verschieben. Rechtsradikale lieben diesen Trick! Ironie off.

Der Aufstieg der Populisten

Die AfD, die sich 2013 gegründet und rasch den Wandel von einer »europakritischen« zu einer rechtsextremen Partei vollzogen hatte, nutzte die Situation geschickt. Ihre Rhetorik traf auf offene Ohren, denn sie bot einfache Erklärungen für komplexe Herausforderungen. Statt die Lage differenziert zu beleuchten, wurde Migration zur Hauptursache für alle Probleme erklärt. Der Anstieg der Mieten, die Überforderung von Behörden, das Gefühl der sozialen Unsicherheit – all das wurde unmittelbar verknüpft mit dem Bild des »fremden Eindringlings«.

Die Erzählung war einfach und eingängig – und sie verfing. Gleichzeitig scheiterte die Politik daran, die Verunsicherung aufzufangen. Merkel appellierte an die Vernunft und Solidarität der Menschen, ihre politische Wirkungskraft verblasste jedoch zusehends. Die Entscheidungen der Regierung wirkten intransparent und wurden oft erst getroffen, wenn der Druck zu groß war. Anstatt die Herausforderungen offen zu benennen und Lösungen zu kommunizieren, entstand der Eindruck, die Politik habe die Kontrolle verloren. Das Vertrauen in staatliche Institutionen litt massiv, vor allem dort, wo sich die Menschen schon lange abgehängt fühlten.

Wissenschaftliche Analysen sehen mehrere Hauptursachen für das Erstarken der Rechten seit 2015. Zum einen die wirtschaftliche Unsicherheit, die vor allem in strukturschwachen Regionen den Nährboden für Ressentiments bildete. Menschen, die in diesen Gebieten leben, fühlten sich von der Politik vergessen und von der Zuwanderung überfordert. Die Versäumnisse in der Infrastruktur, in Bildung und im Wohnungsbau waren dabei nicht neu, wurden durch die Flüchtlingsbewegung aber sichtbarer. Zum anderen spielte die Kommunikation der Bundesregierung eine entscheidende Rolle. Die mangelnde Erklärung von Entscheidungen und das Verharmlosen berechtigter Sorgen führten dazu, dass Populisten mit ihren simplen Parolen punkten konnten. Die Erzählung von der »Lügenpresse« verfestigte sich, weil viele das Gefühl hatten, ihre Realität finde in den Medien nicht statt. Auch hier fehlte es an Aufklärung und Dialog.

Ein weiterer Faktor war die Spaltung innerhalb der Gesellschaft. Die Polarisierung nahm zu, während die Mitte schwieg. Zwischen den Extremen fehlten Räume für konstruktive Gespräche. Das führte dazu, dass sich Lager bildeten, die einander nicht mehr zuhören wollten. Wer Verständnis für Geflüchtete zeigte, wurde als »Gutmensch« verspottet. Wer auf Probleme hinwies, landete schnell im rechten Eck. Diese Verhärtung der Fronten erschwerte Lösungen und befeuerte den Zynismus.

Waren es anfangs nur Risse, so traten die gesellschaftlichen Gräben immer offener zutage. Während der Teil der Bevölkerung, der half, kleiner wurde, wurde der Zuspruch für diejenigen, die spalteten, größer. Die AfD zog in Landesparlamente ein, Pegida wurde zum Dauerphänomen. Zwischen 2015 und 2019 mehrten sich die Übergriffe auf Menschen mit Migrationshintergrund.

Der Mord an Walter Lübcke im Jahr 2019 war die tödliche Konsequenz dieser Eskalation. Ein rechtsextrem motivierter Täter ermordete einen Politiker, der sich für Geflüchtete eingesetzt hatte. Kurz darauf folgten der Anschlag auf eine Synagoge in Halle und der rassistische Terrorakt in Hanau. Ich sage das hier so einfach, zwei Sätze und fertig. Aber man sollte kurz innehalten: Walter Lübcke, ein Mensch, der sich für andere Menschen einsetzte, wurde dafür am 2. Juni 2019 kurz nach Mitternacht mit einem Kopfschuss regelrecht hingerichtet. Dieser Mord war kein Randereignis. Er war ein Alarmsignal. Weil er zeigt, wie tödlich rechter Hass sein kann, wenn Worte zu Waffen werden. Dieser Mord verlangt Haltung. Das sind wir Walter Lübcke schuldig. Genauso wie den Opfern von Hanau.

Hanau – ein Wort, neun Leben

19. Februar 2020. Ein Mittwochabend. Während die meisten Menschen Nachrichten über die ersten Corona-Fälle verfolgen, erschüttert eine andere Meldung das Land: Ein Rechtsextremist erschießt in Hanau neun Menschen mit Migrationshintergrund. Der Anschlag war keine Spontantat. Er war geplant, angekündigt, vorbereitet. Der Täter hinterließ ein Manifest, voll mit Verschwörungserzählungen und rassistischen Hasstiraden. Der Täter handelte nicht im luftleeren Raum. Er war

das Produkt einer Gesellschaft, in der Rassismus verharmlost wurde und Hass salonfähig geworden war.

Die Polizei versagte auf allen Ebenen. Die Notrufnummer? Überlastet. Verzweifelte Anrufe vom Tatort blieben unbeantwortet. Die Einsatzkräfte suchten den Täter, der längst zu Hause war. Sein Haus stand in Sichtweite der Ermittler, und während sie aufwarteten, tötete er seine Mutter und sich selbst. Die Ermittlungen starteten zögerlich. Zunächst sprach man von einem »Familiendrama«, von »psychischer Instabilität«. Die rassistischen Motive? Wurden anfangs kleingeredet. Die Tatsache, dass der Täter legal Waffen besaß, obwohl Behörden von seinen Wahnvorstellungen wussten? War im Behördendschungel versickert. Eine Überprüfung fand nicht statt.

Die Angehörigen forderten Aufklärung, aber alles, was sie erhielten, waren Phrasen. Ein Untersuchungsausschuss bescheinigte den Behörden »schwere Fehler«, doch wirkliche Konsequenzen blieben aus. Verantwortliche sprachen von »unglücklichen Umständen«. Die Tatsache, dass die Polizei nicht erreichbar war? Abgetan als »technisches Problem«. Die rechtzeitige Festnahme des Täters? »Schwierig zu koordinieren.« Opferfamilien standen vor Polizisten, die ihre Namen nicht kannten, vor Beamten, die Akten nicht gelesen hatten. Ihr Schmerz wurde übergangen, ihr Verlust bürokratisiert.

Viele sprachen von einem zweiten Trauma: dem Verhalten des Staates nach der Tat. Es ging nicht nur um die Tatnacht, sondern um das, was folgte – und was bis heute andauert.

Während das Land noch unter Schock stand, meldete sich die AfD zu Wort. Alexander Gauland warnte vor »Instrumentalisierung«, Alice Weidel sprach von einer »persönlichen Verirrung« des Täters. Der Rassismus, der das Motiv zur Tat lieferte, wurde ignoriert. Parteimitglieder warfen der Regierung vor, »den Anschlag politisch auszuschlachten«. In rechten Foren kursierten Verschwörungserzählungen: Die Tat sei »gestellt«, ein »Ablenkungsmanöver«. Interne Chats zeigten AfD-Funktionäre, die die Angehörigen der Opfer als »Heuchler« bezeichneten. Die Botschaft war klar: Die Partei, deren Rhetorik den ideologischen Boden für den Anschlag bereitet hatte, wollte mit der Tat nichts zu tun haben. Verantwortung? Fehlanzeige. Stattdessen sprach sie von »importierter Kriminalität« und wetterte gegen »linke Moralkeulen«. Während erste Gedenkveranstaltungen stattfanden, schürte die AfD weiter Ressentiments – ein doppelter Schlag ins Gesicht der Hinterbliebenen.

Die mediale Berichterstattung trug zu Beginn zur Verwirrung bei. Viele Medien konzentrierten sich auf die »fremden Namen« der Opfer, ihre »anderen Kulturen«, als müssten sie erklären, warum diese Menschen an jenem Abend am Tatort waren. Statt Solidarität überwog die Sensationslust. Shisha-Bars wurden in Berichten zu »kriminellen Brennpunkten« umgedeutet. Rechtsextreme Narrative sickerten in die öffentliche Debatte. Die Opfer wurden nicht als Nachbarn, Freunde oder Kollegen gesehen – sondern als »die anderen«. Ein medialer Reflex, der die Entmenschlichung fortsetzte, die der Täter beabsichtigt hatte.

Heute, fünf Jahre später, ist die Wunde nicht verheilt. Rechtsextreme Netzwerke sind aktiver denn je. Die AfD steht in mehreren Bundesländern vor der Regierungsbeteiligung. Die Täter-Ideologie lebt weiter. Hetze in sozialen Medien ist Alltag. Gedenktafeln werden geschändet, Angehörige erhalten Drohbriefe. Rassismus ist kein Randproblem. Er sitzt in Parlamenten, predigt auf Marktplätzen, schleicht sich in Alltagsgespräche.

Hanau war mehr als ein Anschlag. Der Anschlag war das Resultat von Ignoranz, von Behördenversagen, von einer Politik, die zu lange wegsah. Der Täter handelte allein, aber nicht aus dem Nichts. Sein Hass wuchs in einer Atmosphäre, die Ressentiments toleriert und Rassismus verharmlost. Die Gesellschaft trägt Mitverantwortung, wenn sie wegschaut. Jeder verspätete Einsatz, jedes beschwichtigende Statement, jedes »Das wird schon nicht so schlimm« hat Teil an dem, was geschah.

Neun Leben ausgelöscht. Neun Versprechen auf Gerechtigkeit gebrochen. Hanau ist ein Mahnmal. Nicht nur für das, was war. Sondern für das, was noch immer ist. Und für das, was droht, wenn Schweigen lauter ist als Widerstand.

Gökhan Gültekin
Sedat Gürbüz
Said Nesar Hashemi
Mercedes Kierpacz
Hamza Kurtović
Vili Viorel Păun
Fatih Saraçoğlu
Ferhat Unvar
Kaloyan Velkov
Gabriele Rathjen

Die Corona-Pandemie

Der Anschlag von Hanau wurde in der öffentlichen Wahrnehmung rasch von Corona verdrängt und überlagert. Gleichzeitig verstärkte die Pandemie die rechtsextremen Narrative und die Verschwörungserzählungen, die nach dem Anschlag kursierten. So wurde der Täter als »Vorreiter« im »Kampf gegen die Umvolkung« gefeiert, eine Verschwörungserzählung, die im Lauf der Pandemie zunehmend Zuspruch erhielt. Überhaupt entlud sich die Skepsis gegenüber den staatlichen Institutionen, die während der Flüchtlingskrise genährt wurde, in neuen Feindbildern. Menschen, die vorher gegen Migranten demonstriert hatten, liefen nun bei den Corona-Demos der Querdenker mit. Die Masken wechselten, die Gesichter blieben dieselben.

Die ersten Wochen der Pandemie waren geprägt von Unsicherheit, Angst und – überraschenderweise – Solidarität. Menschen klatschten für Pflegekräfte, organisierten Nachbarschaftshilfe und hielten sich an die neuen Regeln. Es war fast so, als hätten wir für einen kurzen Moment das Potenzial für echten gesellschaftlichen Zusammenhalt entdeckt. Aber diese Illusion hielt nicht lange. Bald darauf begann die Polarisierung: Maskenverweigerer gegen Maskenträger, »Covidioten« gegen »Schlafschafe«, »Querdenker« gegen die Regierung. Es war ein bekanntes Muster, aber diesmal in einem neuen Kontext. Plötzlich war jeder ein potenzieller Feind: der Nachbar, der ohne Maske einkauft; der Politiker, der neue Maßnahmen verkündet; der Fremde, der angeblich das Virus einschleppt.

Migranten und Menschen mit Migrationshintergrund wurden verstärkt zu Sündenböcken für die Ausbreitung des Virus gemacht. Diese Dynamik war nicht nur ein Spiegelbild tief verwurzelter Vorurteile, sondern auch ein Symptom für die strukturelle Ungleichheit und den unterschwelligen Rassismus, der in der deutschen Gesellschaft existierte. Politiker und Medien stellten Migranten häufiger als Verursacher steigender Infektionszahlen dar und führten wiederholt an, dass »Parallelgesellschaften« und »kulturelle Eigenheiten« zu den hohen Infektionszahlen in bestimmten Stadtteilen beitrugen. Bayerns Innenminister Joachim Herrmann erklärte in einem

Interview, dass es »in einigen Milieus offenbar noch Nachholbedarf beim Verständnis von Corona-Maßnahmen« gebe – eine kaum verhüllte Anspielung auf migrantische Communitys. Die Fokussierung auf sogenannte »Araberhochzeiten«, Shisha-Bars, »Macho-Türken«, die keine Masken tragen wollen, und Großfamilien schuf ein Narrativ, das gezielt auf bestimmte ethnische Gruppen abzielte. Migrantische Communitys wurden überproportional oft mit Ausbrüchen in Verbindung gebracht, während Verstöße gegen die Corona-Regeln in anderen gesellschaftlichen Gruppen weniger Aufmerksamkeit erhielten.

Die Absurdität genau dieser Diskussion wird noch deutlicher, wenn man sie mit der Realität abgleicht: Wissenschaftliche Studien zeigen, dass die Haupttreiber der Pandemie nicht Hochzeiten oder Familienfeiern waren, sondern sozioökonomische Faktoren wie Arbeitsbedingungen in Großbetrieben, beengte Wohnverhältnisse und die mangelnde Unterstützung sozial schwächerer Gruppen. Viele Migranten arbeiten in Berufen mit hohem Expositionsrisiko, etwa in der Pflege, der Logistik oder der Fleischverarbeitung. Und sie leben häufiger in beengten Wohnverhältnissen, wo das Infektionsrisiko besonders hoch ist. Diese strukturellen Ungleichheiten wurden jedoch in der öffentlichen Debatte weitgehend ignoriert.

Für viele Migranten war die Pandemie eine Zeit des tiefen Unbehagens. Sie fühlten sich nicht nur von der Krise betroffen, sondern auch von der Gesellschaft ausgestoßen. In Interviews berichteten Betroffene, wie sie sich stigmatisiert fühlten. Eine junge Frau mit türkischem Hintergrund erzählte mir mal in einer Straßenumfrage: »Egal, wie sehr wir uns an die Regeln halten, wir sind immer die Schuldigen. Es ist, als ob wir nie dazugehören.« Diese Erfahrungen spiegeln die ambivalente Haltung der deutschen Gesellschaft gegenüber Migranten wider.

Einerseits werden sie als systemrelevante Arbeitskräfte gefeiert, andererseits werden sie in Krisenzeiten zu Sündenböcken degradiert. Deutschland, was zur Hölle willst du eigentlich? Entscheide dich mal.

Die Pandemie war alles andere als ein Gleichmacher. Sie traf nicht alle gleich, sie brachte uns nicht näher zusammen. Im Gegenteil: Sie verstärkte die Ungleichheiten, die Vorurteile, die Ressentiments. Die Corona-Pandemie wirkte wie ein Beschleuniger, der nicht nur bestehende Brüche in unserer Gesellschaft sichtbarer machte, sondern sie in manchen Fällen auch dramatisch vertiefte. Sozioökonomische Unterschiede, städtisch-ländliche Gegensätze und Generationenkonflikte, die zuvor latent vorhanden waren, traten plötzlich offen zutage. Gleichzeitig entstanden neue Gräben, die unser Miteinander nachhaltig veränderten.

Noch nie zuvor war so klar geworden, dass wir in einer zweigeteilten Gesellschaft leben. Während ein Teil der Bevölkerung bequem im Homeoffice arbeitete und sich darüber beschweren konnte, dass der Lieferdienst heute länger brauchte, war der andere Teil an vorderster Front im Einsatz. Pflegekräfte, Kassiererinnen, Lieferfahrer – all jene, die wir plötzlich als »systemrelevant« bezeichneten, arbeiteten unter enormem Druck, oft schlecht bezahlt und ohne ausreichenden Schutz. Es war Zynismus pur: Diejenigen, die den Laden am Laufen hielten, waren die am schlechtesten Bezahlten und die am stärksten Gefährdeten. Gleichzeitig offenbarte sich eine schmerzhafte Bildungsungerechtigkeit. Schulen wurden geschlossen, und der Unterricht verlagerte sich ins Digitale – eine Katastrophe für Kinder aus sozial schwächeren Familien, die weder über die technische Ausstattung verfügten noch genügend Unterstützung von ihren Eltern bekamen. Während manche Kinder in ihren Zimmern saßen und über Videokonferenzen mit ihren Lehrern verbunden blieben, fielen andere komplett aus dem Bildungssystem heraus. Der »Corona-Jahrgang« wird uns noch lange begleiten.

Auch die Gegensätze zwischen Stadt und Land traten deutlicher zutage. Während in den Städten die Corona-Maßnahmen oft konsequent umgesetzt wurden, herrschte in vielen ländlichen Regionen ein anderes Verständnis. »Hier bei uns gibt es doch kein Corona«, hörte man nicht selten in Dörfern, in denen die Fallzahlen tatsächlich gering waren. Es ist deshalb auch nicht verwunderlich, dass die Querdenker ihre stärkste Unterstützung oft aus den ländlichen Regionen erhielten, während in den Städten Tausende auf die Straße gingen, um für Solidarität zu werben. Es war, als ob zwei Welten aufeinanderprallten, die sich gegenseitig nicht mehr verstanden. Dies änderte jedoch nichts daran, dass das Virus keine Grenzen kennt – weder geografische noch gesellschaftliche.

Ein weiterer Bruch tat sich zwischen den Generationen auf. Ältere Menschen, die als besonders gefährdet galten, verlangten nach strengen Maßnahmen, während viele Jüngere die Einschränkungen ihres Lebensstils nicht akzeptieren wollten. Partys wurden zum Politikum, und die Frage, wer wie viel Verantwortung für wen trägt, spaltete Familien, Freundeskreise und ganze Gesellschaftsgruppen. Zusätzlich zu den alten Rissen entstanden neue Fronten. Die Debatte um Impfungen spaltete das Land in Befürworter und Gegner, in Menschen, die der Wissenschaft vertrauten, und jene, die an Verschwörungen glaubten. Die Querdenker-Bewegung wurde zu einem Katalysator dieser Spaltung. Was mit Protesten gegen Lockdowns begann, entwickelte sich zu einer Plattform für Extremisten, Verschwörungstheoretiker und rechte Ideologen.

Diese neuen, während Corona entstandenen Gräben waren

besonders gefährlich, weil sie nicht nur die Gesellschaft, sondern auch Familien und Freundeskreise auseinanderbrachten. Es war nicht ungewöhnlich, dass Menschen den Kontakt zu Angehörigen abbrachen, weil sie sich nicht auf eine gemeinsame Realität einigen konnten. Die Pandemie hat uns gezeigt, wie verletzlich wir sind – als Einzelne und als Gemeinschaft. Sie hat aber auch die Frage aufgeworfen, wie wir diese Gräben überwinden können. Die Antwort darauf ist jedoch alles andere als einfach.

Die Corona-Pandemie stellte letztlich die Demokratie in Deutschland vor eine ihrer größten Belastungsproben seit der Wiedervereinigung. Die Krise offenbarte nicht nur Stärken, sondern auch Schwächen des demokratischen Systems. Insbesondere das Vertrauen in die Transparenz und die Legitimität politischer Entscheidungen geriet ins Wanken. Uneinheitliche Regelungen zwischen den Bundesländern, Verwirrung über ständig wechselnde Maßnahmen und ein oft chaotisches Impfstoffmanagement sorgten für zunehmende Frustration in der Bevölkerung.

Eine Studie des Allensbach-Instituts aus dem Jahr 2021 zeigte, dass das Vertrauen in staatliche Institutionen während der Pandemie signifikant zurückging. Besonders auffällig war dies bei jüngeren Menschen und in Ostdeutschland, wo historisch bedingt eine größere Skepsis gegenüber staatlicher Autorität besteht. Dieser Vertrauensverlust hatte langfristige Konsequenzen: Die politischen Kräfte, die während der Krise ihre Kritik an der Regierung lautstark äußerten, profitierten davon in den darauffolgenden Jahren erheblich.

Ein zentraler Kritikpunkt während der Pandemie war die Wahrnehmung, dass grundlegende Entscheidungen zu Lockdowns, Ausgangssperren und Impfpflicht von einer kleinen

Gruppe von Politikern und Experten getroffen wurden, ohne die Parlamente ausreichend einzubinden. Obwohl diese Maßnahmen rechtlich legitim waren, fühlten sich viele Bürger ausgeschlossen. Diese Dynamik hatte weitreichende Auswirkungen: Die Debatte über den Einfluss von Experten und die Rolle demokratischer Institutionen führte zu einer stärkeren Polarisierung in der Gesellschaft. Einige sahen in der Krisenbewältigung einen Beweis für die Handlungsfähigkeit der Demokratie, während andere das Gefühl hatten, dass ihre Grundrechte unverhältnismäßig eingeschränkt wurden.

Die Pandemie bot populistischen Bewegungen eine ideale Bühne. Gerade die AfD nutzte die allgemeine Verunsicherung, um ihre Anhängerschaft zu mobilisieren. Sie stilisierte sich als Verteidiger der Freiheit und warf der Regierung vor, unter dem Deckmantel der Pandemie eine »Corona-Diktatur« zu errichten. Die Wahlergebnisse in den Jahren nach der Pandemie spiegelten diesen Trend wider. Bei den Bundestagswahlen 2021 konnte die AfD in einigen Regionen – vor allem in Sachsen und Thüringen – deutliche Zugewinne verzeichnen. Gleichzeitig verlor die CDU, die die Pandemie-Politik maßgeblich gestaltet hatte, viele ihrer Stammwähler. Die Grünen und die FDP hingegen profitierten von ihrer Position als Kritiker der Regierungspolitik, ohne sich radikal zu positionieren.

Generell markierte die Bundestagswahl 2021 einen Wendepunkt in der deutschen Parteienlandschaft. Die Zusammensetzung der neuen Regierung, der sogenannten Ampelkoalition aus SPD, Grünen und FDP, spiegelte den Wunsch vieler Bürger nach einem politischen Neuanfang wider, war aber auch ein Zeichen für die zunehmende Fragmentierung der politischen Landschaft und den Niedergang der einstigen Volksparteien. Die AfD konnte in Ostdeutschland Ergebnisse von über zwanzig Prozent erzielen und etablierte sich dort endgültig als feste Größe. Diese Entwicklung zeigt, wie stark die Pandemie die politische Landschaft polarisiert hatte.

Die Corona-Pandemie war nicht nur eine Belastungsprobe für die Demokratie, sondern auch für die Medien. Die Fragen, wie wir in unserer Gesellschaft Informationen beziehen, wem wir in puncto Information Glauben schenken und wie wir über Meinungsfreiheit denken – salopp gesagt: wie wir miteinander sprechen, diskutieren und streiten –, mussten nach der Pandemie neu beantwortet, neu bewertet werden.

Eine zentrale Rolle spielten die sozialen Medien – als Plattformen für Austausch, Information und Mobilisierung, aber auch für Desinformation, Radikalisierung und Polarisierung. Die Pandemie machte deutlich, dass soziale Medien weit mehr als nur Kommunikationskanäle sind. Sie wurden zu Akteuren, die unsere Wahrnehmung von Realität formen und die Art und Weise, wie wir miteinander umgehen, nachhaltig beeinflussen. Eines der größten Probleme sozialer Medien während der Pandemie war denn auch ihre Fähigkeit, Desinformation und extremistische Inhalte zu verstärken.

Neben den klassischen sozialen Medien spielten Influencer und alternative Medien eine entscheidende Rolle. Während die meisten etablierten Medienhäuser versuchten, objektiv über die Krise zu berichten, gewannen jene erheblich an Reichweite. Sogenannte »Corona-Rebellen« oder Querdenker-Ikonen wurden zu Meinungsführern, die sich gegen die »Mainstream-Medien« und die »offizielle Version« der Ereignisse stellten.

Diese Entwicklung trug zur Polarisierung bei, da viele Menschen ihre Informationen nur noch aus Quellen bezogen, die ihre eigene Sichtweise bestätigten. Die zunehmende Verbreitung von Verschwörungserzählungen – wie etwa jener von einer »geheimen Elite«, die das Virus absichtlich gestreut hätte – und die Radikalisierung in sozialen Netzwerken hatten langfristige Auswirkungen auf die öffentliche Meinung. Eine Studie des Leibniz-Instituts für Medienforschung zeigte, dass das Vertrauen in die Medien 2022 auf einem Tiefpunkt war.

Ein alarmierender Aspekt der sozialen Medien während der Pandemie war ihr Beitrag zur Zunahme von Hasskriminalität. Studien zeigen, dass es einen direkten Zusammenhang zwischen der Verbreitung von Hassrede online und gewalttätigen Übergriffen offline gibt. Während der Pandemie richtete sich dieser Hass oft gegen bestimmte Gruppen, etwa Menschen asiatischer Herkunft, die für die Verbreitung des Virus verantwortlich gemacht wurden, oder gegen Wissenschaftler und Politiker, die sich für Maßnahmen wie Maskenpflicht oder Lockdowns einsetzten.

Die Corona-Pandemie hat die Macht und die Gefahren sozialer Medien in einer noch nie dagewesenen Deutlichkeit offengelegt. Es zeigte sich, wie schnell sich Desinformation verbreiten kann und welche Folgen dies für unsere Gesellschaft hat. Doch es wurde auch deutlich, dass es möglich ist, gegen diese Entwicklungen vorzugehen: durch Aufklärung, durch Regulierung – etwa die Überarbeitung des NetzDG, das Onlineplattformen stärker in die Verantwortung nimmt – und durch den Mut, sich gegen Hass und Hetze zu stellen.

Und nach Corona?

Die Pandemie legte ein grundlegendes Spannungsverhältnis innerhalb der deutschen Identität offen: zwischen Solidarität und Individualismus. Einerseits wurde Solidarität zu einem

Schlüsselbegriff der Krisenbewältigung. Die Aufforderung, »zu Hause zu bleiben«, wurde als Ausdruck des kollektiven Verantwortungsbewusstseins dargestellt. Doch gleichzeitig zeigte sich ein starkes individualistisches Denken, insbesondere bei Protesten gegen die Corona-Maßnahmen. Dieser Widerspruch führte zu einer Spaltung in der Gesellschaft. Auf der einen Seite standen jene, die sich als Teil einer größeren Gemeinschaft sahen und bereit waren, persönliche Opfer zu bringen, um die Schwächeren zu schützen. Auf der anderen Seite standen diejenigen, die ihren persönlichen Freiheitsverlust über alles stellten und die Maßnahmen als Angriff auf ihre Grundrechte wahrnahmen. Diese Divergenz machte deutlich, dass das deutsche Selbstbild weit weniger homogen ist, als es oft dargestellt wird, und dass die Verantwortung aus der Geschichte nicht immun ist gegen die Erosion durch neue gesellschaftliche Dynamiken. So versuchten rechte Gruppierungen, die Erinnerungskultur für ihre Zwecke zu instrumentalisieren. Sie verglichen die Corona-Maßnahmen mit der Diktatur des Nationalsozialismus, stellten sich als »Widerstandskämpfer« dar und relativierten dadurch die tatsächlichen Schrecken der Vergangenheit. Diese Instrumentalisierung der Geschichte führte nicht nur zu Entsetzen, sondern auch zu einer tieferen Debatte darüber, wie stabil das Bewusstsein für die historische Verantwortung tatsächlich ist.

Die Pandemie war ein Stresstest für das nationale Selbstbild – und eine Gelegenheit, die Frage nach der deutschen Identität neu zu stellen. Wie kann Deutschland ein gemeinsames Identitätsgefühl aufbauen, das Vielfalt und Inklusion betont, ohne dabei die Unterschiede zwischen seinen Bürgern zu ignorieren? Wie kann das Land die Lehren aus der Pandemie nutzen, um eine stärkere, gerechtere und widerstandsfähigere Gesellschaft zu schaffen?

Die Antworten auf diese Fragen sind nicht einfach, doch sie werden entscheidend dafür sein, wie Deutschland seine Rolle in der Welt definiert – und wie es mit zukünftigen Krisen umgehen wird. Eines ist klar: Die deutsche Identität ist im Wandel, und die Pandemie war ein Katalysator für diesen Wandel. Die Corona-Pandemie wird in den Geschichtsbüchern als eines der prägendsten Ereignisse des 21. Jahrhunderts stehen. Doch während die Pandemie als solche langsam verblasst, sind die langfristigen Folgen für die deutsche Gesellschaft, Politik und Wirtschaft erst zu erahnen. Die Pandemie hat wie ein Seismograf tiefgehende Erschütterungen in den Fundamenten unserer Gesellschaft freigesetzt – und es liegt nun an uns, diese Risse nicht nur zu reparieren, sondern eine widerstandsfähigere und gerechtere Struktur aufzubauen.

Eine der zentralen Lektionen der Pandemie ist diesbezüglich, wie sehr wir voneinander abhängig sind. Kein Teil der Gesellschaft kann isoliert existieren – ob Migranten, systemrelevante Berufsgruppen oder die ältere Generation, die während der Krise besonders gefährdet war. Diese gegenseitige Abhängigkeit bietet eine Grundlage, auf der wir eine inklusivere Gesellschaft aufbauen können. Das bedeutet, dass wir Vorurteile und Diskriminierung aktiv angehen müssen. Die Pandemie hat gezeigt, wie schnell bestimmte Gruppen stigmatisiert werden können – ob Menschen asiatischer Herkunft, Migranten oder auch diejenigen, die sich weigerten, sich impfen zu lassen. Eine inklusive Gesellschaft muss solche Dynamiken erkennen und ihnen entgegenwirken.

Können wir eine solche inklusive Gesellschaft sein? Wo stehen wir heute nach der sogenannten Flüchtlingskrise, nach Hanau, Pegida und der Corona-Pandemie? Können wir die nur noch leise glimmende Hoffnung wieder entfachen?

Ich erinnere mich an die erste große Rede, die ich vor Publikum hielt. Es ging um Integration, um die Herausforderungen meiner Generation. Ich sprach von Widersprüchen, von dem Spagat zwischen »dazugehören wollen« und »abgelehnt werden«. Nach der Veranstaltung kam eine Frau auf mich zu. »Sie sprechen aber gut Deutsch«, sagte sie. Es sollte ein Kompliment sein. Aber für mich war es eine Erinnerung: Egal wie fließend ich spreche, wie überzeugend ich argumentiere – ich bin immer zuerst ein Fremder. Zuvorderst stehen Name, Hautfarbe, Herkunft, Glaube. Dahinter erst kommt der »Mensch« Michel Abdollahi. Deutscher? Maximal im Pass. Bitte nicht falsch verstehen, aber nicht umsonst haben wir zwanzig Prozent Rechtsradikale im Bundestag, und noch mehr in manchen Länderparlamenten.

Die Leitkultur-Debatte ist kein neutraler Diskurs. Vielmehr stellt sie die Frage: Wer passt ins Bild, wer nicht? Wer darf »wir« sein, wer bleibt »die anderen«? Die Absurditäten damals waren leicht abzutun. Heute fordert man Deutschpflicht auf Schulhöfen. Die Abschaffung von »fremdkulturellen Bräuchen« in Kindergärten. Da bleibt einem das Lachen im Hals stecken.

Wir stehen heute da, wo wir es nie für möglich gehalten haben zu stehen. Mit Debatten, die mehr spalten als verbinden. Mit Applaus für Parolen, die vor zwanzig Jahren noch tabu waren. Und mit einer Gesellschaft, die sich fragt: Wie konnte das passieren? Die Antwort ist einfach: Wir haben es zugelassen. Haben weggeschaut, verharmlost, ignoriert.

Ich bin ehrlich gesagt müde, darüber immer wieder zu sprechen. Müde, zu erklären, warum »Sie sprechen aber gut Deutsch« kein Kompliment ist. Müde, zu erleben, wie Geschichte sich wiederholt. Aber aufgeben? Ist keine Option. Weil ich weiß, wie schnell Worte zu Grenzen werden. Und wie Grenzen zu Mauern wachsen. Wir haben das schon viel zu oft gesehen. Also Ärmel hoch und, wie meine Freundin Cordula Stratmann sagt: raus und den Wald fegen. Jeden Tag etwas Ordnung in das Chaos bringen. Jeden Tag versuchen, das Unkontrollierbare zu bändigen. Absurd, aber auch zutiefst menschlich.

Wer polarisiert, gewinnt nach wie vor Aufmerksamkeit. Merz hat das verstanden. Und während er 2000 damit noch nicht durchdrang, wird er 2025 genau dafür zum Bundeskanzler gewählt. Die Mitte ist nach rechts gerückt. Oder war sie schon immer dort, und wir haben es nur nicht hören wollen?

Manchmal falle ich drauf rein. Ich will ja hoffen. Wirklich. Da stehen sie wieder, die Neuen. Frisch gewählt, mit großen Worten und glänzenden Versprechen. Und ein Teil von mir will glauben, dass diesmal etwas anders ist. Dass sie es ernst meinen. Dass es nicht nur Rhetorik ist, nicht nur Strategie, nicht wieder dieser raffinierte Trick: Hoffnung wecken – um sie dann zu verraten. Aber genau da beginnt das Misstrauen. Weil ich das alles schon gesehen habe. Zu oft. Wie sie sich vor Kameras stellen, wie sie Empathie ins Mikrofon sprechen und dann doch nichts ändern. Wie aus »Wir kümmern uns« eine Geschäftsordnung wird. Wie Reformen angekündigt, vertagt, verdreht und dann leise beerdigt werden – irgendwo zwischen Tagesordnungspunkt 7b und Haushaltsvorbehalt. Das kennen wir doch alle. Und trotzdem spüre ich diesen winzigen Impuls in mir: Vielleicht … vielleicht diesmal doch?

Ich will kein Zyniker sein. Ich will kein Abwinker, kein »Die machen doch eh, was sie wollen«-Typ sein. Aber mein Kopf sagt: Wachsam bleiben. Mein Herz sagt: Gib ihnen noch eine Chance. Und meine Erinnerung sagt: Sei nicht naiv, hör auf deine Mutter.

Vielleicht ist das der Zustand, in dem man lebt, wenn man nicht aufgeben will – aber auch nicht noch mal betrogen werden möchte. Zwischen Hoffnung und gesundem Menschenverstand. Zwischen Sehnsucht und Selbstschutz. Ich weiß nicht, was schlimmer wäre: Wieder enttäuscht zu werden. Oder irgendwann gar nichts mehr erwarten zu können.

Aber ohne Hoffnung geht es nicht! Wir genießen in unserem Land den Luxus von Sicherheit, Stabilität und Frieden. Oder, etwas weniger abstrakt: Wir haben keine Angst, unser Goldkettchen im Bus offen zu tragen, weil es uns jemand vom Hals reißen könnte, oder dass unser Land sein Nachbarland angreift und wir vom Club mit dem Bus nicht mehr nach Hause gebracht werden, sondern direkt an die Front. Hoffnung jedoch ist kein Luxus. Sie ist ein Überlebensmittel. Sie ist das Licht, das uns durch die dunkelsten Täler führt – und die Kraft, mit der wir uns überhaupt erst auf den Weg machen. Wer hofft, glaubt an Veränderung. An ein Danach. An ein Morgen, das besser sein kann als das Heute.

Das Gegenteil von Hoffnung ist nicht bloß Verzweiflung. Es ist Gleichgültigkeit. Es ist das stille Aufgeben. Ein Zustand, in dem man nichts mehr erwartet – und nichts mehr will. Wo Hoffnung fehlt, wächst Zynismus. Dort, wo niemand mehr an Fortschritt glaubt, macht sich Resignation breit. Man funktioniert vielleicht noch, aber man lebt nicht mehr.

Ohne Hoffnung verlieren wir den inneren Antrieb, uns einzumischen, zu handeln, zu widersprechen. Wir nehmen Unrecht hin, weil wir nicht mehr glauben, dass es anders werden könnte. Wir schweigen, weil wir denken, es hört ja eh niemand zu. Gesellschaftlich bedeutet das Stillstand. Oder Rückschritt. Eine Welt ohne Hoffnung ist eine Welt, in der niemand mehr aufsteht.

Darum ist es so wichtig, dass wir Hoffnung säen. In Worten. In Taten. In Geschichten. Nicht als naive Beschwichtigung, sondern als mutige Entscheidung gegen die Gleichgültigkeit. Hoffnung heißt nicht: Alles wird gut. Hoffnung heißt: Es lohnt sich, dafür zu kämpfen, dass es gut werden kann.

Wer Hoffnung schenkt, macht den ersten Schritt in eine bessere Zukunft. Und wer an ein besseres Morgen glaubt, hat schon heute damit begonnen, es zu gestalten. Kleines Beispiel? Die Friedliche Revolution 1989: Jeden Montag gingen in Leipzig ein paar Hundert Menschen mit Kerzen auf die Straße. Keine Waffen. Keine Gewalt. Nur die Hoffnung auf Freiheit. Was als leiser Protest begann, wuchs von Woche zu Woche – und wurde zur Massenbewegung. Der Ruf »Wir sind das Volk« erschütterte ein ganzes Regime. Keine Panzer, keine Revolution – Hoffnung brachte die Mauer zu Fall.

Das Beispiel zeigt: Hoffnung ist keine Schwäche. Sie ist der Anfang von Veränderung. Heute jedoch hoffen viel zu oft die Falschen. Sie hoffen auf einen Umsturz der Demokratie, und es sind nicht selten jene, die an diesen Montagen dabei waren. Jene, die damals mit flammender Hoffnung Freiheit und Demokratie erkämpften, stehen heute auf den Plätzen und fordern den »Systemsturz«. Sie rufen nach »Volkswille« und »Souveränität«, aber meinen oft Ausgrenzung, Abschottung, autoritäre Lösungen. Jene, die damals auf Offenheit, Gerechtigkeit und Teilhabe hofften, reagieren heute mit Wut, Verschwörung und Rückzug. Sie glauben, betrogen worden zu sein – nicht, weil es keine Demokratie gibt, sondern weil sie nicht mehr allein über sie bestimmen. Doch Hoffnung bedeutet nicht Besitz. Sie bedeutet Verantwortung. Die Kraft, die einst Mauern zu Fall brachte, darf nicht missbraucht werden, um neue zu errichten – weder in den Köpfen noch zwischen den Menschen.

Unsere Aufgabe heute ist, diese Hoffnung zurückzuholen. Zu zeigen, dass Demokratie kein Betrug ist, sondern ein Versprechen – das wir gemeinsam einlösen müssen. Wer enttäuscht ist, braucht keine Parolen, sondern Ergebnisse. Also: Probleme benennen statt schönreden. Entscheidungen erklären statt durchdrücken. Verantwortung übernehmen statt abwälzen. Und wer an die Demokratie glaubt, darf nicht schweigen, wenn sie angegriffen wird. Nicht aus Höflichkeit. Nicht aus Müdigkeit. Hoffnung entsteht, wenn Menschen merken: Da ändert sich wirklich was. Und ich bin Teil davon. Alles andere ist Kulisse. Bei aller Kritik habe ich Hoffnung, dass die neue Bundesregierung das verstanden hat. Viel mehr bleibt mir auch nicht übrig.

Rechtsruck – erst auf leisen Sohlen, dann mit Marschmusik

Ich möchte in diesem Kapitel ganz nüchtern aufzählen, wie sich die Normalisierung rechter Positionen in Deutschland in den letzten Jahren vollzogen hat. Wer denkt, das alles schon zu wissen, kann gern weiterblättern. Ich dachte auch, ich wüsste es – bis ich beim Gegenlesen meiner eigenen Worte stockte und dachte: »Das alles ist passiert? Und die Leute wundern sich ernsthaft über die Wahlergebnisse?«

Geschichte ist kein Archiv, sondern ein Spiegel. Das, was wir schon zu kennen glauben, zeigt sich mit jedem Blick neu – je nachdem, wer wir sind, wenn wir hinschauen. Wiederholen heißt nicht: nacherzählen. Es heißt: vertiefen, verstehen, verbinden. Nur wer den Boden kennt, auf dem er steht, erkennt, wenn er wieder ins Wanken gerät. Deshalb lohnt es sich, hinzusehen – auch ein zweites, ein drittes Mal. Nicht aus einem Pflichtgefühl heraus. Sondern um der Klarheit willen.

Bei einer Straßenumfrage sagte mir mal ein Mann, er habe »aus Versehen« die AfD gewählt – aus Protest. Erst später habe er erfahren, wofür die stehen: »Das sind ja Radikale! Am liebsten würde ich meine Stimme annullieren.« Der Mann war überzeugt von dem, was er sagte. Ich will aber von niemandem hören: »Ich wusste nicht, was hier passiert.« Wir reden hier nicht über Kleinigkeiten oder Nebensächlichkeiten. Das ist alles eben kein Vogelschiss. Das ist die Realität. Und sie ist gefährlich. Denn die Rechten könnten bald regieren, Gesetze verabschieden und ein Deutschland nach ihren Vorstellungen schaffen. Exakt so, wie sie in zehn Jahren die Partei nach ihren Vorstellungen umgebaut haben. Der Umbau unseres Staates wird genauso schleichend vonstattengehen. Nur werde ich dann nicht mehr da sein, um ein weiteres Buch zu schreiben. Garantiert.

Es war das Jahr 2013, als sich ein Kreis aus Professoren, Unternehmern und frustrierten Konservativen dazu entschloss, eine neue politische Kraft ins Leben zu rufen. Sie nannten ihre Partei Alternative für Deutschland (AfD). Die Initialzündung? Die Eurokrise. Während Kanzlerin Angela Merkel den europäischen Zusammenhalt beschwor, wetterte die AfD gegen Rettungsschirme, Eurobonds und das »Brüsseler Bürokratiemonster«. Bernd Lucke, Wirtschaftsprofessor und einer der Gründer, betonte damals: »Wir wollen, dass Deutschland wieder selbst über sein Geld entscheidet!« Ein Satz, der in konservativen und wirtschaftsliberalen Kreisen großen Anklang fand. Die Parteigründung war dabei weniger ein revolutionärer Akt als ein intellektueller Aufstand gegen das Establishment – zunächst.

Der erste Wahlantritt bei der Bundestagswahl 2013 endete knapp unter der Fünf-Prozent-Hürde. Doch in den Monaten danach wuchs die Partei. Ihr Erfolg wurzelte nicht nur in der Eurokritik, sondern in einer wachsenden Unzufriedenheit in Teilen der Bevölkerung mit den »Altparteien«, den etablierten

Parteien. Die AfD verstand es früh, sich als Sprachrohr der »Besorgten« zu inszenieren.

2014 folgte der erste große Erfolg: Bei der Europawahl erreichte die AfD 7,1 Prozent. Mit Abgeordneten wie Beatrix von Storch zog eine Riege an Politikern in das Europäische Parlament ein, die rhetorisch weit rechts von der Gründungsidee der Partei stand. Der innere Konflikt wurde sichtbar: Wirtschaftsliberale gegen Nationalkonservative. Lucke warnte vor einem Rechtsruck, doch genau der stand bevor. Der parteiinterne Machtkampf spitzte sich zu. 2015 folgte der Bruch: Frauke Petry übernahm den Vorsitz. Lucke verließ die AfD und sprach von einer »rechtspopulistischen Unterwanderung«.

Petry, charismatisch und strategisch, erkannte die politische Gelegenheit: Die Flüchtlingskrise 2015 polarisierte Deutschland. Während Merkel »Wir schaffen das« proklamierte, polterte Petry: »Wir müssen unsere Grenzen notfalls mit Waffengewalt schützen.« Ein Satz, der Empörung auslöste – und der AfD in Umfragen Höhenflüge bescherte. Die Wut und der Hass gegen Flüchtlinge, die Angst vor islamistisch motivierten Terroranschlägen und die Debatte um die deutsche Identität wurden zur Bühne, auf der die AfD brillierte. Protestwähler, Rechtsextreme und Enttäuschte fanden sich in einer Bewegung wieder, die vorgab, auszusprechen, was »man nicht mehr sagen durfte«.

Die Bundestagswahl 2017 markierte den nächsten Meilenstein: 12,6 Prozent und der Einzug in den Bundestag. Vielmehr: Die AfD zog nicht ein, sie stürmte das Parlament. Alexander Gauland frohlockte am Wahlabend: »Wir werden sie jagen!« – gemeint war die Bundesregierung. Plötzlich waren Abgeordnete wie Alice Weidel und Stephan Brandner in Talkshows präsent. Ihre Strategie: Provokation. Wo andere Argumente suchten, setzte die AfD auf Emotionen. Gauland schwärmte von der

Wehrmacht, Höcke wetterte gegen das Holocaust-Mahnmal als »Denkmal der Schande«. Entsetzen in Politik und Medien? Ja. Aber auch steigende Umfragewerte.

Doch mit dem Erfolg kam die Spaltung. Petry verließ die Partei nach der Wahl – »zu radikal« sei diese geworden. Jörg Meuthen, lange als moderater Gegenpol zu Höcke angesehen, trat später ebenfalls aus. Die AfD, so schien es, fraß ihre eigenen Führungskräfte. Und während sich Parteiflügel bekämpften, wuchs die Radikalisierung an der Basis. Demonstrationen mit rechtsextremen Identitären? Keine Berührungsängste. Beobachtung durch den Verfassungsschutz? Wurde zur Trophäe des Widerstands gegen den Staat stilisiert.

Bei den Landtagswahlen 2019 in Sachsen und Brandenburg erreichte die AfD über zwanzig Prozent, in Thüringen gar 23,4 Prozent. Björn Höcke, der dortige Spitzenkandidat, sprach von einem »vollen Erfolg gegen die Altparteien«. Seine Rede? Ein Potpourri aus Nationalismus, Anti-Eliten-Rhetorik und Geschichtsrevisionismus. Kritiker warnten: Die AfD habe im Osten bereits den Status einer Volkspartei, während sie im Westen noch Protestpartei sei. Ein gefährlicher Balanceakt.

Die Warnung war klar – und sie war berechtigt. Im Osten war die AfD längst keine Randpartei mehr, sondern fester Bestandteil des politischen Alltags, teils stärkste Kraft, eine reale Machtoption. Im Westen dagegen fuhr sie eine andere Strategie und stilisierte sich weiter als Anti-System-Kraft. Diese doppelte Rolle war strategisch genial und demokratisch brandgefährlich: hier Partei fürs Volk, dort Revoluzzer – je nachdem, was mehr nutzte (im Grunde treibt die Partei dieses Rollenspiel bis heute – wobei der Verfassungsschutz sie dann 2025 doch als ein Ganzes definierte und die Partei als »gesichert rechtsextrem« einstufte).

Die Corona-Pandemie ab 2020 brachte eine neue Dynamik. Während die meisten Parteien um Verantwortung rangen, sah die AfD ihre Chance auf der Straße. Demonstrationen gegen »Zwangsimpfungen« und eine »Corona-Diktatur« wurden von AfD-Funktionären bevölkert. Alice Weidel nannte das Infektionsschutzgesetz ein »Ermächtigungsgesetz 2.0« – ein perfider Vergleich mit der Nazizeit, der scharf kritisiert, aber auch millionenfach geteilt wurde. Empörung war längst Teil des Parteimarketings.

Die Bundestagswahl 2021 zeigte eine leicht sinkende Tendenz (10,3 Prozent), aber im Osten blieb die AfD stark. Ich weiß noch, wie viele sich damals freuten, als hätte man die Rechtsextremen besiegt. Pustekuchen. Die Parteiführung spielte dieses Gefälle geschickt aus: Während Gauland Verständnis für Russland zeigte, wetterte Weidel gegen Klimapolitik und Migration. Zwei Linien, ein Ziel: Wähler binden, egal wie widersprüchlich die Botschaften waren.

In den Jahren bis 2025 erlebte die AfD weitere interne Zerwürfnisse. Der Verfassungsschutz erklärte Teile der Partei zum rechtsextremen Verdachtsfall. Höcke wurde mehrfach angeklagt wegen Volksverhetzung, doch seine Popularität in Teilen der Bevölkerung blieb ungebrochen. Er bezeichnete Deutschland als »besetztes Land« und rief zu einem »neuen Nationalbewusstsein« auf. Formulierungen, die an düstere Zeiten erinnerten, aber in der Gesellschaft längst keinen Aufschrei mehr hervorriefen. Unter seinen Anhängern wurden sie ohnehin gefeiert. Ich weiß nicht, in wie vielen Reportagen und Dokumentationen, aktivistischen wie auch journalistischen Beiträgen diese Zusammenhänge seziert und mundgerecht aufgearbeitet wurden. Gebracht hat es bis heute wenig.

Heute, im Jahr 2025, steht die AfD an einem Scheideweg.

Einerseits hat sie starke Ergebnisse in Ostdeutschland und im Bund eingefahren, andererseits hat sie sich in manchen Teilen Westdeutschlands noch nicht etabliert. Die Parteispitze schwankt zwischen Radikalisierung und Mäßigung – was immer wieder zu Flügelkämpfen führt. Die Strategie? Provokation bleibt das Mittel der Wahl. Ein Satz, der das Programm zusammenfasst, stammt von Gauland: »Fakten sind wichtig, aber Gefühle entscheiden Wahlen.« Die AfD weiß, welche Knöpfe sie dafür drücken muss.

Warum ist die Partei so erfolgreich? Die Antwort setzt sich aus mehreren Puzzleteilen zusammen: Angst vor Veränderung, Enttäuschung über »die da oben«, mediale Aufmerksamkeit für Skandale. Vor allem aber: Die AfD bietet einfache Erklärungen in einer komplexen Welt. Ob Eurokrise, Flüchtlingspolitik oder Klimadebatte – schuld sind immer die anderen. Diese Einfachheit, so verstörend sie oft ist, trifft einen Nerv. Die Partei spricht die Unzufriedenen an, die Überforderten und die Wütenden. Und solange diese Gefühle in der Gesellschaft bestehen, wird die AfD eine politische Größe bleiben – ob man es will oder nicht. Ich frage mich oft, warum die anderen Parteien sich damit so schwertun, auch auf die Gefühle der Wählerschaft einzugehen, ohne dabei die Fakten aus den Augen zu verlieren.

Die AfD betritt die Parlamente nicht leise, sondern mit Getöse. Von Anfang an versteht sie sich nicht als Mitgestalter, sondern als lautstarker Opponent. Ihre Abgeordneten fallen weniger durch konstruktive Politik als durch Provokationen auf. Im Bundestag gleichen ihre Reden oft eher Anklagen als Debattenbeiträgen. Themen wie Migration, innere Sicherheit und die angebliche »Klimahysterie« dominieren ihre Agenda.

Anträge der AfD sind selten auf Konsens ausgerichtet. Statt

Lösungen dominieren Symbolanträge: Forderungen nach Grenzschließungen, Stopps für Migrationsprogramme oder Abschaffung des Rundfunkbeitrags. Sie sind (noch) chancenlos, aber darum geht es nicht. Es geht darum, in den Nachrichten zu landen. Wenn ein Antrag abgelehnt wird, folgt der Vorwurf der »Verachtung des Volkes« durch die anderen Parteien.

In den Landtagen, vor allem in Ostdeutschland, versucht die Partei, Alltagsprobleme zu instrumentalisieren: steigende Energiepreise werden als Folge einer »grünen Ideologie« gebrandmarkt, Migration als Ursache für alle sozialen Probleme dargestellt. Manchmal geht es ins Groteske: Ein AfD-Politiker forderte die Wiedereinführung der D-Mark – offensichtlich aussichtslos, aber als Symbolpolitik gegen die EU gedacht. Ja, die gute alte Zeit, die zieht bei vielen eben immer noch.

Während andere Parteien über Detailfragen der Gesetzgebung streiten, nutzt die AfD das Parlament als Bühne. Die AfD-Parlamentarier sind Meister der verbalen Grenzüberschreitung, so ungerne ich das hier sage. Alice Weidel bezeichnete die Bundesregierung als »Schande« und sprach von »kopftuchtragenden Mädchen« und »alimentierten Messermännern«, während Bundestagspräsident Wolfgang Schäuble sie zur Ordnung rief. Diese Ordnungsrufe sind im Grunde schon eingepreist: Kaum eine Sitzungswoche vergeht ohne einen Eklat.

Die Sprache ist dabei drastisch, oft entmenschlichend. In einer Rede sagte Gauland: »Wir müssen uns zurückholen, was uns gehört.« Eine Formulierung, die Besitzansprüche auf Nationalität suggeriert und Migranten zum Feindbild stilisiert. Bei anderer Gelegenheit sagte er: »Man muss nicht alles mögen, was hier rumläuft.« Eine scheinbar harmlose Bemerkung, die aber impliziert: Manche Menschen gehören nicht hierher. Ich zum Beispiel. Wenn man sie danach fragt, heißt es schnell, dass dem nicht so sei. Auch das ist Kalkül. Aber am Ende, das garantiere ich, meinen sie es genau so, wie sie es sagen, der Tonfall ist kalkuliert: Empörung erzeugt Aufmerksamkeit, und die AfD lebt vom Skandal. Während andere sich um Inhalte mühen, verkauft die AfD Empörung als Produkt. Jeder Fünfte in Deutschland hält das für Widerstand.

Doch nicht nur in den Parlamenten spielt sich das Schauspiel ab. Auf der Straße inszeniert sich die Partei als Stimme des »Volkes«. Ihre Kundgebungen gleichen oft eher Aufmärschen als Demonstrationen. »Wir sind das Volk!«, schallt es durch die Straßen – ein Slogan, der einmal für Demokratie stand und heute von der AfD für ihre Zwecke umgedeutet wird. Auf Bühnen im ganzen Land stehen Funktionäre, die kaum eine Gelegenheit auslassen, gegen Migranten, Medien und die »Altparteien« zu hetzen und die deutsche Geschichte umzudeuten. Und alles sofort wieder abzustreiten, wenn man sie darauf anspricht.

Die Partei unterstützt offen Demonstrationen gegen Unterkünfte von Geflüchteten, bei manchen übernimmt sie gar die Organisation. In Brandenburg verteilte die AfD »Asylkritik«-Flyer mit gefälschten Polizeiberichten. In Sachsen-Anhalt störten AfD-Politiker Gedenkveranstaltungen für Holocaust-Opfer mit Zwischenrufen. Plakate mit Parolen wie »Burkas? Wir steh'n auf Bikinis« oder »Neue Deutsche? Machen wir selber« zieren Wahlkampfstände. Während andere Parteien ihre Programme erklären, verteilt die AfD simple Botschaften. Plakate mit »Deutschland. Aber normal.« spielen auf ein nostalgisches Bild an – eine vermeintlich bessere Vergangenheit, die es so nie gab. Die Sprüche sind plump, aber effektiv – sie sprechen den Bauch an, nicht den Kopf.

Die inszenierte Provokation funktioniert auch in den sozialen Medien. Auf *Telegram*, *Facebook* und *X* verbreitet die Partei kurze Clips mit zugespitzten Aussagen. »Deutschland zuerst!« – ein Slogan, der an Donald Trump erinnert und bei Parteianhängern gut ankommt. Je empörender die Aussage, desto größer die Reichweite. Faktenchecks werden als »Zensur« gebrandmarkt.

Überall wird der kalkulierte Tabubruch zum Stilmittel: Man sagt das Unsagbare, erntet Kritik und inszeniert sich als Opfer des »Meinungskartells«. Diese Strategie wirkt: Teile der Bevölkerung fühlen sich von der rohen Sprache angesprochen. Wer von »Genderwahn« und »grüner Verbotsdiktatur« spricht, trifft einen Nerv bei jenen, die sich von gesellschaftlichem Wandel überfordert fühlen.

Die AfD nutzt die gesellschaftlichen Brüche geschickt. Bei Bauernprotesten stellt sie sich an die Spitze, auch wenn ihre eigenen agrarwirtschaftlichen Vorschläge diffus bleiben. Hauptsache, man wehrt sich gegen »die da oben«. Bei Diskussionen um Klimapolitik spricht der Fraktionsvorsitzende Tino Chrupalla von »grüner Wohlstandsvernichtung« – Fachargumente fehlen oft, aber darum geht es nicht. Denn: Emotionalisierung funktioniert weitaus besser als datenbasierte Sachlichkeit.

Die Mobilisierung auf der Straße verstärkt diesen Effekt. Mit Bussen werden Anhänger zu Demonstrationen gekarrt, Freibier und Bratwürste inklusive. Reden sind kalkulierte Wut-Orgien: »Wir lassen uns das Land nicht wegnehmen!«, ruft Höcke, und die Menge grölt zurück. Wer mit dabei ist, bekommt das Gefühl, Teil einer Bewegung zu sein. Ein AfD-Wähler in Cottbus sagte in einem Interview: »Endlich sagt mal jemand, was Sache ist. Die anderen lügen doch alle.« Das Traurige ist, dass darin wahrscheinlich auch ein wenig Wahrheit steckt.

Und: Egal wo man widerspricht, es wird ein neues Kaninchen aus dem Hut gezaubert, das mit der Sache rein gar nichts zu tun hat. Diese Erfahrung habe ich auch schon gemacht, als ich mit Tino Chrupalla auf einem Talkshow-Podium saß. Die Partei ist sozusagen die Königin des Whataboutism. In einer Bundestagsdebatte rief ein AfD-Abgeordneter: »Das ist Ökoterrorismus!« – der Zwischenruf wurde im Livestream geteilt, mit dem Kommentar: »Wir sind die einzige Opposition.« Die Wählerschaft findet gerade das gut (obwohl sie wahrscheinlich weiß, dass es nicht der Wahrheit entspricht). Nur kann man so nicht regieren, und ich möchte auch nicht irgendwann erleben müssen, wie sie den Beweis antreten. Es reicht mir, am Beispiel USA zu sehen, wie man ein Land an die Wand fährt.

Rechtes Netzwerk

Die Strategie ist erfolgreich. Studien zeigen: Je stärker die Empörung, desto stabiler die Anhängerschaft. Und es ist nicht nur die AfD, die diese Strategie verfolgt und zum Rechtsruck beiträgt. In Deutschland existiert ein rechtes Netzwerk, das kein loser Zusammenschluss frustrierter Einzelpersonen ist, sondern komplexe Strukturen mit klaren Hierarchien, ideologischen Schnittmengen und einer beachtlichen Reichweite aufweist. Es besteht aus Parteien wie der AfD, rechtsextremen Gruppierungen, sogenannten Bürgerbewegungen, Identitären, Burschenschaften, Neonazi-Kadern und zunehmend aus digital vernetzten Einzelakteuren. Die Zugehörigkeiten sind oft fließend: Personen wechseln zwischen Organisationen, Veranstaltungen überschneiden sich, und die Ideologien überlappen. Björn Höcke, AfD-Spitzenpolitiker und Galionsfigur des extrem rechten Flügels, spricht auf Kundgebungen, bei denen auch führende

Köpfe der Identitären Bewegung anwesend sind. Offiziell gibt es Distanzierungen, faktisch jedoch gemeinsame Feindbilder und Erzählungen: Migration als Bedrohung, der »Große Austausch« als angebliche Verschwörung – die Erzählung geht so, dass Migranten absichtlich eingeschleust werden, um die europäische Bevölkerung zu ersetzen – und ein Bild von Deutschland, das sich angeblich gegen seine »wahren Bürger« wendet.

Ein Kern dieser Netzwerke sind Organisationen wie die Identitäre Bewegung Deutschland (IBD), die sich selbst als »patriotisch« bezeichnet, aber vom Verfassungsschutz beobachtet wird. Ihr Ziel: ein »ethnokulturell reines« Europa. Slogans wie »Defend Europe« muten harmlos an, sind aber im Kern rassistisch. Martin Sellner, Kopf der Bewegung in Österreich, verbreitet seine Botschaften über soziale Medien, während deutsche Ableger Flashmobs organisieren – etwa auf dem Brandenburger Tor mit Transparenten gegen Migration.

Die Aktionen sind kalkuliert: schnell, medienwirksam, provozierend. Dabei dienen soziale Netzwerke nicht nur der Kommunikation, sondern auch der Mobilisierung. *Telegram*-Gruppen mit Zehntausenden Mitgliedern verbreiten Aufrufe zu Demonstrationen, Falschmeldungen und Hassparolen. Ein Beispiel: In einer Gruppe kursierte die Fake News, Flüchtlinge würden kostenlos Autos bekommen. Binnen Stunden verbreitete sich die Falschinformation viral (so viral, dass sie irgendwann sogar in meinem Postfach landete), von einschlägigen Seiten aufgegriffen, kommentiert mit Sätzen wie: »Wir werden hier enteignet, während die Fremden hofiert werden!« Emotion schlägt Fakten – ein Prinzip, das rechte Netzwerke perfekt beherrschen.

Ein weiteres bedeutendes Netzwerk ist die »Neue Rechte«, ein loses Sammelbecken aus Verlagen, Thinktanks und Aktivisten. Das Institut für Staatspolitik in Schnellroda unter der Leitung von Götz Kubitschek fungiert als ideologisches Zentrum. Hier spricht man von »Metapolitik«, dem Versuch, kulturelle Vorherrschaft zu erlangen. Bücher, Vorträge, rechte Jugendcamps – alles Teil einer Strategie, die Gesellschaft schrittweise nach rechts zu rücken. Kubitschek selbst bezeichnet den politischen Kampf als »Marsch durch die Institutionen – nur eben von rechts«. Dieser Marsch zeigt Wirkung: Rechte Verlage publizieren Bestseller, rechte *YouTube*-Kanäle erreichen Millionen, und rechte Influencer prägen Diskurse in Kommentarspalten und Social-Media-Feeds.

Die Vernetzung dieser Gruppen erfolgt nicht zufällig. Gemeinsame Veranstaltungen, gegenseitige Einladungen zu Vorträgen und ein reger Austausch auf Online-Plattformen sorgen für eine engmaschige Infrastruktur. Während Demonstrationen gegen Flüchtlingsunterkünfte marschiert der AfD-Kreisverband neben der Identitären Bewegung, dahinter stehen Mitglieder von Pegida und Neonazi-Gruppierungen. Alles unter dem Banner: »Deutschland zuerst«. Auch auf internationaler Ebene gibt es Verbindungen. Kontakte zur FPÖ in Österreich, zur Lega in Italien und zu Viktor Orbáns Fidesz-Partei sind belegt. Die Botschaft: Ein europäischer Rechtsruck ist das Ziel.

Ein besonders perfider Aspekt ist die Vernetzung mit gewaltbereiten Gruppen. Die rechtsextreme Szene ist gut organisiert: »Combat 18« – die 18 gibt die Position der Initialen Adolf Hitlers im Alphabet wieder – fungierte lange als terroristische Gruppe, deren Mitglieder Anschläge planten und Waffen horteten.

Der Mord an Walter Lübcke 2019 offenbarte denn auch, wie tödlich diese Vernetzungen sein können. Stephan Ernst, der Täter, war tief in der rechtsextremen Szene verwurzelt.

Es gibt Verbindungen zu Prepper-Gruppen, die sich auf den »Tag X« vorbereiten – den Tag, an dem die staatliche Ordnung zusammenbrechen soll und man selbst die Macht übernimmt. In Chatgruppen wie »Nordkreuz« diskutierten Polizisten und Soldaten über Feindeslisten und Waffenlager. Ein Mitglied: ein früherer SEK-Beamter. Staatliche Strukturen und rechte Netzwerke? Die Schnittmengen sind erschreckend.

Nicht zu unterschätzen ist die Rolle von Musik und Lifestyle. Rechtsrockkonzerte ziehen Hunderte, teils Tausende Besucher an, Bands wie Kategorie C singen von »Verräterpolitik« und »Überfremdung«. Diese Konzerte sind Rekrutierungsorte: Bier, Musik, Hass – die perfekte Mischung für ideologische Indoktrination. Parallel dazu sorgen die rechtsextremen Netzwerke für eine Radikalisierung in den digitalen Sphären. Memes verbreiten Botschaften in harmloser Verpackung. Ein Bild von Angela Merkel mit einer Burka und dem Spruch »Danke, Merkel!« ist schnell geteilt, leicht verstanden und kaum aus dem Netz zu löschen. Humor wird zur Waffe. Wer kritisiert, dem wird »Humorlosigkeit« vorgeworfen. Gleichzeitig dienen diese Memes der Entmenschlichung von politischen Gegnern und Minderheiten.

Die Propaganda ist dabei oft perfide getarnt. So kursierten 2022 Videos, in denen angebliche »ehemalige Polizisten« vor dem Untergang Deutschlands warnten. Später stellte sich heraus: Es handelte sich um Schauspieler, um eine rechte Inszenierung. In Chatgruppen werden Feindeslisten verbreitet – Journalisten, Politiker, Aktivisten. Namen, Adressen, Fotos. Die Botschaft: »Wir wissen, wo ihr wohnt.« Einschüchterung als Strategie. Gleichzeitig inszeniert man sich als Opfer: Wer rechte Gewalt kritisiert, wird als »Linksextremist« diffamiert. Das Zitat eines Aktivisten in einer *Telegram*-Gruppe: »Wir sind im Widerstand. Jeder, der gegen uns steht, ist Feind des Volkes.« Diese Rhetorik ist keine Randerscheinung, sie sickert in die Mitte der Gesellschaft. Die Ideologie: eine gefährliche Mischung aus Nationalismus, Rassismus, Antifeminismus und Verschwörungsglauben.

Ein erschreckendes Phänomen ist die Normalisierung dieser Netzwerke durch Medienauftritte. Rechte Publikationen geben sich den Anschein seriöser Medien. Magazine wie *Compact* verbreiten Verschwörungserzählungen, während sie sich als »alternative Presse« präsentieren. *YouTube*-Kanäle mit Millionen Klicks verbreiten Fake News, *Telegram* dient als Echokammer. Wer diese Netzwerke betritt, verlässt sie selten mit differenzierterem Weltbild.

Am Ende steht die Erkenntnis: Die rechten Netzwerke sind organisiert, ideologisch gefestigt und digital bestens vernetzt. Sie bieten Zugehörigkeit, klare Feindbilder und einfache Lösungen. Ihre Propaganda ist alles andere als dumm – sie ist durchdacht, perfide und darauf ausgelegt, zu spalten. In einer Zeit, in der Komplexität zunimmt, ist das brandgefährlich. Und bitte vergesst nicht, dass das einem belesenen, aufmerksamem Menschen klar sein dürfte, der gehört in der Regel auch nicht zur Zielgruppe. Am Ende geht es um jene, die gar nicht groß nachdenken wollen – oder die noch jung und leichter verführbar sind. Ich erinnere mich an einen Fall vom Sohn einer Kollegin, der plötzlich zu Hause am Esstisch anfing, die Erzählungen der Rechten nachzuplappern. Die Migranten, die seien an allem schuld. Wie bitte? Wo er das gehört habe? Bei *TikTok* in einem Podcast. Das nennt man gezielte Zersetzung der demokratischen Ordnung, unter anderem vorgemacht und erfolgreich etabliert von Donald Trump. Wenn der das kann, können die Rechten das hier auch.

Wie gehen wir damit um?

Im Interesse aller brauchen wir Lösungen. Ich schreibe nur ein Buch, ich mache keine Gesetze. Aber ich weiß, dass ich nicht allein bin. Wir alle machen irgendetwas. Wir arbeiten irgendwo. Wir kennen andere Menschen. Wir haben eine Stimme. Wir müssen sie überall nutzen, gesellschaftlich wie privat. Gerade weil der Umgang mit Rechtsextremismus und Hasskriminalität in Deutschland aktuell eher einem Kasperletheater gleicht, das im Zwiespalt von schärferen Gesetzen und Präventionsprogrammen, in der Herausforderung, eine Balance zwischen Sicherheit und Freiheit zu wahren, den Überblick, oder besser: den Entscheidungsmut verliert. In den letzten Jahren wurden Gesetze erlassen, verschärft, wieder diskutiert und manchmal auch wieder verwässert. Doch die Frage bleibt: Wie effektiv sind diese Maßnahmen? Nach dem Mord an Walter Lübcke 2019, dem rechtsextremen Anschlag in Halle 2019 und dem Massaker in Hanau 2020 herrschte landesweite Bestürzung. Politiker versprachen »harte Konsequenzen« und »Nulltoleranz«. Doch Schlagzeilen verschwinden, während rechte Netzwerke weiterhin Waffen horten und Hassparolen verbreiten. Die Sicherheitsbehörden haben zwar ihre Aufmerksamkeit auf rechte Netzwerke verstärkt, Razzien bei »Reichsbürgern«, die mit der AfD teils ideologisch sympathisieren, enthüllen Waffenlager und Feindeslisten. Dennoch bleibt die Kritik: Der Staat habe zu lange weggesehen. Nach dem Anschlag in Halle gestand ein Verfassungsschützer ein: »Wir haben die Gefahr unterschätzt.« Ein Satz, der vielen Opfern rechter Gewalt wie Hohn vorkommen muss.

Das NetzDG, vielleicht *das* zentrale Instrument im Kampf gegen Hasskriminalität, das soziale Netzwerke verpflichtet, strafbare Inhalte schnell zu löschen, klingt in der Theorie gut. Ein Blick in *Telegram*-Chats oder *Facebook*-Kommentarspalten reicht, um zu sehen, wie wenig davon tatsächlich umgesetzt wird. Besonders problematisch (o Wunder!): Rechtsextreme haben längst eigene Plattformen und Foren geschaffen, die sich der Kontrolle entziehen. Strafverfolgungsbehörden stehen vor technischen und rechtlichen Hürden, die Verantwortlichen für Beleidigungen, Morddrohungen oder Volksverhetzung verschwinden im Datendschungel. Ein Ermittler klagte in einem Interview: »Wir jagen Geister. Kaum ist ein Account gesperrt, tauchen drei neue auf.« Hinzu kommen juristische Hürden: Server im Ausland, anonyme Accounts und verschlüsselte Kommunikation erschweren Verfahren.

Auf politischer Ebene gibt es Forderungen nach Verschärfungen. Die ehemalige Innenministerin Faeser erklärte: »Hass ist keine Meinung. Wer hetzt, muss mit Konsequenzen rechnen«, und drängte auf härtere Strafen bei Hetze und die Möglichkeit, digitale Spuren länger zu speichern. Kritiker jedoch warnen vor Überwachungsexzessen. Oder es heißt: »Wir dürfen die Freiheit nicht opfern, um die Freiheit zu schützen.« Ein Satz, der nachdenklich stimmt – und doch fragt man sich, wie viel »Freiheit« es bedeutet, wenn Journalisten Morddrohungen erhalten oder Kommunalpolitiker aus Angst vor Übergriffen zurücktreten. Beispiel gefällig: Ein Bürgermeister in Hessen wurde bedroht, weil er sich für Geflüchtete einsetzte. Die Täter? Mitglieder eines rechten *Telegram*-Kanals, in dem Adressen von Politikern kursierten. Hasskriminalität ist längst nicht mehr nur eine Randerscheinung. Studien zeigen einen deutlichen Anstieg – besonders gegen Juden, Muslime und Menschen mit Migrationsgeschichte.

Die Wirksamkeit bestehender Maßnahmen bleibt umstritten.

Während die Regierung Erfolge verkündet – mehr Strafanzeigen, mehr Ermittlungen –, bleibt das subjektive Sicherheitsgefühl vieler Bürger mit Migrationsgeschichte getrübt. Opferberatungen berichten von steigenden Anfragen. Ein Betroffener sagte nach einem Übergriff: »Sie haben mich verprügelt, weil ich kein Deutscher bin. Und dann heißt es, das sei ein Einzelfall.«

Solche »Einzelfälle« summieren sich zu einer bedrückenden Statistik. Ich habe tagtäglich damit zu tun. Ihr könnt euch nicht vorstellen, wie viele Menschen mich anschreiben, weil sie nicht mehr weiterwissen, weil sie Angst haben, weil sie verzweifelt sind. Nicht jeder hat die Kraft, das aus-, geschweige denn dagegenzuhalten. Und die ganzen Meldungen lesen wir doch gar nicht mehr. In meinem ersten Buch habe ich mir noch die Mühe gemacht, besonders hässliche Taten zu sammeln und aufzuschreiben, diesmal habe ich es aufgegeben, es wäre eine ganze Enzyklopädie geworden. Ich übertreibe? Einfach mal vierundzwanzig Stunden in einer Opferberatung aushelfen, und man ist sprachlos. Und das sind nur die Fälle, die wir kennen! Ich war an einer Schule in Mecklenburg-Vorpommern zum Thema Mobbing eingeladen, und eine Zehntklässlerin aus Syrien (die für die kurze Zeit, die sie erst in Deutschland war, unfassbar gut Deutsch sprach) erzählte vor versammelter Klasse, wie Mitschüler ihr das Kopftuch heruntergerissen, sie rassistisch beleidigt und aufgefordert haben, in ihr Land zurückzugehen. Mobbing?, fragte ich mich. Ernsthaft? Das ist doch kein Mobbing, das ist tiefgreifender Rassismus. Was nach den Vorfällen passiert sei? Nichts. Sie würde gerne wegziehen, das ist aber aufgrund des Asylstatus kompliziert.

Ich habe vor ein paar Jahren einen afghanischen Flüchtling bei mir im Betrieb aufgenommen. Ich spreche seine Sprache, ich habe Zeit, er ist nett und cool, und ich möchte ihm helfen, in Deutschland anzukommen. Allein schafft man das nämlich nicht. Einmal kam er traurig zu mir, ein Mann hatte ihn im Bus angegangen und ihm vor die Füße gespuckt: »Hau ab, du scheiß Ausländer, lass dir deine Zähne woanders machen.« Kurz davor hatte Merz zu bester Wahlkampfzeit gesagt: »Die sitzen beim Arzt und lassen sich die Zähne neu machen, und die deutschen Bürger nebendran kriegen keine Termine.« Warum niemand reagiert hätte, fragte er mich. Na ja, was soll ich sagen, weil viele das gut fanden, was der Mann da gemacht hat.

Gleichzeitig gibt es aber auch Hoffnungsschimmer. Ich werde nie müde, auch immer wieder das andere Deutschland zu zeigen, das der Mehrheit (noch): Zivilgesellschaftliche Akteure reagieren mit einer Mischung aus Protest, Aufklärung und Gegenöffentlichkeit. Initiativen wie »Aufstehen gegen Rassismus«, »Wir sind mehr« oder »Seebrücke« mobilisieren Tausende Menschen zu Demonstrationen gegen rechts. Nach dem Mord an Walter Lübcke und dem Anschlag in Hanau gingen Menschen in ganz Deutschland auf die Straßen. Schilder mit Aufschriften wie »Kein Fußbreit den Faschisten« prägten die Bilder. Doch der Widerstand hat auch Schattenseiten: Rechte Netzwerke diffamieren Aktivisten als »linksextreme Chaoten« oder »Volksverräter«. Die sozialen Medien sind Schlachtfeld und Zufluchtsort zugleich. Während Initiativen auf *Instagram* oder *TikTok* versuchen, junge Menschen mit Aufklärungskampagnen zu erreichen, dominieren auf *Telegram* rechte Verschwörungserzählungen und Hetze. Ein User postete nach einer Demonstration gegen die AfD: »Diese linken Zecken werden wir ausrotten, wenn die Zeit kommt.« Solche Drohungen sind keine Einzelfälle, sondern Alltag in den Kommentarspalten.

Und auf der anderen Seite stehen Kommentare wie: »Selbst schuld, wenn man sich mit denen anlegt.«

Die Gesellschaft scheint gespalten zwischen Solidarität und Gleichgültigkeit, viele wollen sich nicht mit der Problematik Rechtsextremismus und Rassismus auseinandersetzen. Ich verstehe das, wir haben alle auch noch ein anderes Leben zwischen Arbeit, Kindern, Rechnungen und Couch. Aber in Zeiten wie diesen sollten wir für unsere Gesellschaft doch ein wenig mehr kämpfen, als es vielleicht bisher nötig war. Denn mit Gleichgültigkeit kommen wir nicht weiter.

Ein Mann in Brandenburg sagte mal zu mir: »Ist doch eh alles übertrieben. Früher hat man auch Witze gemacht, da hat keiner geweint.« Er meinte rassistische Witze. Oder besser: Beleidigungen. Und ein wenig mag er sogar recht haben. Denn weißt du, ich habe früher auch nicht geweint. Ich habe geschwiegen. Ich habe mitgelacht, um dazuzugehören. Ich wollte nicht der sein, der »keine Witze versteht«. Dabei war ich oft selbst gemeint, ich war der Witz. Mein Name, meine Haut, mein Vater, mein Essen, mein Akzent – alles an mir war eine Pointe. Und ich war der, der sie schlucken musste. Heute sage ich was. Nicht weil ich empfindlich bin, sondern weil ich müde bin. Müde vom Ertragen, vom Überspielen, vom innerlichen Schmerz. Und wenn du jetzt sagst: *Ist doch alles übertrieben*, dann klingt das für mich wie: *Dein Gefühl zählt nicht. Deine Erfahrung stört.* Ich will auch keinen Maulkorb in der Gesellschaft. Ich verstehe dich sogar. Aber ich will Respekt. Witze dürfen wehtun – aber sie sollten nicht immer dieselben treffen. Manche werden ab und an getroffen. Du vielleicht. Als Rentner, als Ostfriese, als was auch immer. Aber andere sind *immer* das Ziel. Das tut auf Dauer ziemlich weh. Ich bin stark, mir macht das nichts, aber ich kenne so viele, die Angst vor sich selbst haben. Vor ihrem Akzent, vor ihrem Aussehen, vor ihrer Hautfarbe. Kannst du dir vorstellen, wie es ist, wenn ein neunjähriges schwarzes Mädchen in der Grundschule Angst vor ihrer eigenen Hautfarbe hat?

Wie beim rechtsextremen Netzwerk im Allgemeinen, so herrscht auch beim Umgang mit seinem demokratisch legitimierten Ableger, der AfD, Ambivalenz. Die politischen Parteien stehen vor einem Dilemma: Sollen sie die AfD ignorieren? Sie mit ihrem Populismus, ihrer Hetze konfrontieren (und ihr dadurch mehr Raum verschaffen)? Oder sollen sie gar mit ihr kooperieren? In den Anfangsjahren der AfD versuchten viele Parteien, das Phänomen zu marginalisieren. Aussagen wie »Das ist ein vorübergehendes Protestphänomen« waren keine Seltenheit. Doch als die AfD in immer mehr Parlamente einzog und sich als feste Größe etablierte, wurde klar: Ignorieren ist keine Option mehr.

Die SPD und die Grünen setzen auf klare Abgrenzung und warnen vor der Normalisierung rechtspopulistischer Positionen. Robert Habeck erklärte einmal: »Mit denen redet man nicht über Lösungen, weil sie keine wollen. Sie wollen nur zerstören.« Die CDU wiederum ringt mit sich selbst. In Ostdeutschland kokettierten einige Landesverbände mit der Frage, ob man AfD-Anträge unterstützen solle, wenn sie inhaltlich deckungsgleich mit eigenen Forderungen waren. Friedrich Merz hingegen betonte mehrfach: »Mit der AfD gibt es keine Zusammenarbeit.« Trotzdem kam es auf kommunaler und regionaler Ebene zu einzelnen Kooperationen, die für Empörung sorgten. Immer öfter, immer mehr.

Ich verstehe das Dilemma. Ein kleines Städtchen irgendwo in Deutschland ist nicht der Bundestag. Wenn sich in einer Gemeindesitzung alle drauf einigen, eine Parkbank aufzustellen, und die AfD auch zustimmt, dann hat das nicht die gleiche Bedeutung wie eine Entscheidung auf Bundesebene. Aber ist das Ganze nicht eine Frage der Haltung und nicht eine der Praktikabilität? Was würde *ich* machen, wenn ich im Gemeinderat sitzen würde und es um ebendiese eine Parkbank ginge? Wenn ein Antrag käme, der sinnvoll ist, und ausgerechnet die AfD stimmte zu? Oder schlimmer noch: Die Partei stellte ihn selbst? Ich habe mir diese Frage schon oft gestellt. Würde ich dann reflexhaft Nein sagen – nur um Haltung zu zeigen? Oder würde ich Ja sagen – und riskieren, vereinnahmt zu werden? Ich würde auch in diesem Dilemma stecken.

Meine momentane Lösung ist folgende: Klare Kante ohne Selbstverleugnung. Keine Absprachen, keine Deals, keine Normalisierung. Aber auch keine Prinzipienreiterei auf Kosten der Sache. Man darf zustimmen, wenn es Sinn ergibt – solange man sagt, warum. Und solange man deutlich macht, dass das nichts mit einer Zustimmung zur AfD zu tun hat. Denn Haltung zeigt sich nicht im Automatismus. Sondern im Abwägen. Immer wieder. Keine Zusammenarbeit heißt nicht, dass man sich von der AfD treiben lässt – sondern, dass man sich nicht benutzen lässt. Man muss trennen zwischen Inhalt und Absender, und den Absender trotzdem nie verharmlosen. Das ist kein Widerspruch. Das ist politische Reife.

Aber letztlich geht es ja auch nur um eine Parkbank und nicht um Bundespolitik. Solange sich die AfD nicht deutlich, ernsthaft und rigoros von ihren rechtsextremen Positionen löst, muss die Grenze dort sein, wo aus zufälliger Übereinstimmung politisches Kalkül oder Kooperation wird. Nennt mich naiv, aber ich traue unseren Politikern und Politikerinnen zu, diesen Sachverstand mitzubringen (und kreuze doch, während ich das schreibe, meine Finger).

Und was ist mit meiner Zunft? Auch in den Medien ist der Umgang mit der AfD eine Gratwanderung. Einerseits besteht die Pflicht zur Berichterstattung, andererseits droht jede Schlagzeile über einen AfD-Skandal zur kostenlosen Werbeplattform zu werden. Talkshows laden AfD-Politiker ein, in der Hoffnung auf Quoten durch Kontroverse. Wenn Alice Weidel in der Primetime von »Messermigranten« spricht, ist der Skandal vorprogrammiert – und die Klickzahlen schießen in die Höhe. Kritiker werfen den Medien vor, durch diese Bühne zur Normalisierung beizutragen. Andererseits: Soll man eine Partei mit Millionen Wählern ignorieren? Diese Debatte spaltet die Redaktionen. Auch öffentlich-rechtliche Sender geraten unter Druck. Rechte Netzwerke attackieren sie als »Staatsfunk«, Demonstranten skandieren vor den Sendeanstalten: »Lügenpresse abschalten!« Das Resultat: Journalisten werden bedroht, manche müssen unter Personenschutz arbeiten.

Die Debatten um den Umgang mit der AfD sind letztlich Spiegelbild unserer Gesellschaft. In einer Kleinstadt in Sachsen sagt ein Rentner auf einem Marktplatz: »Die sagen halt, was wir alle denken. Man darf ja sonst nix mehr sagen.« Gegenüber steht eine junge Frau mit Regenbogenfahne: »Wer solche Parteien wählt, hat aus der Geschichte nichts gelernt.« Deutschland ist gespalten – nicht nur politisch, sondern emotional. Einige fordern Verbote extremistischer Organisationen, andere warnen vor Märtyrer-Effekten. Verfassungsrechtler sind skeptisch: »Ein Parteiverbot ist rechtlich schwer und politisch riskant.« Erinnerungen an das gescheiterte NPD-Verbotsverfahren werden wach. Der Unterschied? Während die NPD marginalisiert blieb, ist die AfD in Parlamenten fest verankert.

Währenddessen wächst der Druck auf die Wirtschaft. Unternehmen wie Daimler oder Adidas positionieren sich gegen rechts, während lokale Handwerksbetriebe in Ostdeutschland Plakate der AfD an ihren Werkstätten dulden. »Die bringen uns wenigstens keine Vorschriften«, sagt ein Bäcker. Es ist der Konflikt zwischen globaler Verantwortung und regionalen Befindlichkeiten. Wir müssen damit aufhören.

Auch innerhalb der Polizei und Bundeswehr gab und gibt es Debatten um rechtsextreme Tendenzen. Enthüllungen über Chatgruppen, in denen Polizisten Hitler-Bilder teilten oder gegen Migranten hetzten, sorgten für Entsetzen. Wie soll ein Staat gegen Hass vorgehen, wenn Teile seiner Sicherheitskräfte selbst darin verstrickt sind? Reformen wurden angestoßen, Schulungen, interne Kontrollen wurden verschärft, auch Entlassungen gab es. Doch das Vertrauen erholt sich nur langsam, viele Bürger sind verunsichert: »Wenn selbst die Polizei so denkt, wo sind wir dann gelandet?«, sagte mir eine Frau bei einer Podiumsdiskussion. Aus eigener Erfahrung kann ich zumindest sagen, dass »die Polizei, dein Freund und Helfer« bei Menschen mit Migrationsgeschichte nicht zu den passendsten Beschreibungen für die Ordnungshüter gehört.

Im Bildungssektor wächst das Engagement. Universitäten setzen auf Antirassismus-Workshops, Schulen laden Überlebende des Holocaust ein. Aufklärungskampagnen wie »Demokratie leben« und Aussteigerprojekte wie die Beratungsstelle EXIT sollen verhindern, dass junge Menschen in rechtsextreme Kreise abrutschen. Doch der Erfolg ist mühsam, die Initiativen stoßen an Grenzen. Ein Lehrer sagte mir mal: »Wenn Schüler nachmittags in rechten Chatgruppen hängen, reicht eine Schulstunde Toleranz nicht aus.«

Der Gegenwind ist massiv: Rechte Netzwerke werfen Lehrern vor, Schüler »links-grün zu indoktrinieren«. Auch wenn es um die Erinnerung an den Holocaust geht, versuchen die

Rechten massiv Einfluss zu nehmen. Niklas Fischer, Geschichtsdidaktiker an der LMU München, spricht von einer Strategie der »erinnerungspolitischen Wende«. Er sagt: »Die Neue Rechte behauptet, in der bestehenden *Vergangenheitsbewältigung* würde der Holocaust in Dauerschleife als das *Böse* schlechthin präsentiert. Damit habe sich angeblich ein negatives Bild der Deutschen als *Tätervolk* manifestiert, das den Erfolg einer angeblichen *Multikulti-Ideologie* erklären würde.« Das ist so furchtbar und absurd, dass ich es nicht kommentieren kann. Ich kann nur sagen: Das ist lediglich ein Vorgeschmack auf das, was noch kommen wird, wenn wir unsere Demokratie nicht bis auf das Äußerste verteidigen. Solche Aussagen sind Ausdruck eines Kulturkampfes. Sie wiederholen stoisch immer wieder dasselbe, mit der Strategie, es jedes Mal etwas härter zu formulieren und zu enttabuisieren.

Doch auch die anderen, aufgeklärten Stimmen sind laut. Nach dem Anschlag in Hanau sagte ein Jugendlicher: »Ich bin stolz, dass so viele Menschen gegen Hass auf die Straße gehen.« In Hamburg rief ein Imam bei einer Demonstration: »Wir sind hier geboren, wir gehören dazu.« Solche Botschaften setzen Zeichen der Hoffnung. Doch wie nachhaltig sind sie? Rechte Netzwerke arbeiten derweil weiter an ihrer Strategie: Polarisierung um jeden Preis. Der Verfassungsschutzchef warnte kürzlich: »Rechtsextremismus ist die größte Gefahr für unsere Demokratie.« Eine Einschätzung, die nicht überall Gehör findet.

Die Diskussion über die richtige Strategie bleibt kontrovers. Härtere Gesetze? Mehr Prävention? Beides? Oder doch ein gesamtgesellschaftlicher Wandel? Eines ist jedenfalls gewiss: Der Preis für das Schweigen ist hoch. Wie hoch, zeigen nicht nur die Toten von Hanau, Halle und Kassel – sondern auch das Klima, in dem ein Mensch mit dunkler Hautfarbe auf der Straße angespuckt wird, während Passanten wegsehen. Ich weiß, so etwas passiert gar nicht, das ist nur meine blühende Fantasie. Und die blühende Fantasie vom ehemaligen Generalsekretär der SPD Kevin Kühnert, als er in Halle in einer vollbesetzten Straßenbahn von drei Männern bedroht wurde und niemand, wirklich niemand aufstand, um etwas zu machen. Nur Kevin Kühnert hat etwas gemacht: Er macht keine Politik mehr. Ist das das Land, in dem wir gerne leben wollen?

Deutschland ringt mit sich selbst: Wie viel Freiheit ist es wert, wenn sie von denen ausgenutzt wird, die sie abschaffen wollen? Und wie viel Sicherheit kann der Staat bieten, ohne seine eigenen Grundwerte zu verraten? Antworten gibt es viele – Lösungen weniger.

Deutschland schafft mich immer noch – ein Ausblick

Lassen wir uns einmal auf ein Gedankenexperiment ein und stellen uns vor, welche Entwicklung die AfD in den nächsten fünf Jahren vollzieht, nachdem sie bei der Bundestagswahl 2025 bereits zur zweitstärksten Partei im Bundestag aufgestiegen ist und der Erfolg der rechtsextremen Partei eine noch gefährlichere Phase erreicht hat. Ob nun gesichert rechtsextrem hin oder her, sie wird in den nächsten Jahren sehr wahrscheinlich nicht verschwinden. Die Frage, die wir uns dabei unweigerlich stellen müssen, lautet: Was bedeutet dieser Aufstieg für unser Land, für unser Leben ganz konkret?

Manche werden bei der Lektüre dieses Blicks in die Zukunft sagen, dies sei reine Schwarzmalerei. Ich aber halte dagegen und sage, dass ich die Ereignisse der letzten Jahre nur konsequent weiterdenke. Dass ich nicht nur die innerdeutschen Dynamiken, die den Aufstieg der AfD befördern, miteinbeziehe, sondern auch die internationalen: das Erstarken von autoritären Systemen weltweit und den gleichzeitigen permanenten Angriff auf die demokratischen Werte.

Wie ihr auf diese Skizze schaut, ob mit Hoffnung oder mit Pessimismus, bleibt natürlich euch überlassen. Ihr solltet euch nur bewusst sein: Ich habe mich ohnehin für eine eher softe Variante entschieden. Here we go, das Orakel Abdollahi blickt in die Glaskugel:

2025

Die Bundestagswahl 2025 markiert einen signifikanten Wendepunkt in der politischen Landschaft Deutschlands. Entgegen vorherrschenden Erwartungen etabliert sich die AfD mit einem Wahlergebnis von über zwanzig Prozent als zweitstärkste politische Kraft. Umfragen unmittelbar nach der Wahl deuten darauf hin, dass die AfD bei der nächsten Wahl vor der Union stehen könnte. International wird das Ergebnis der Bundestagswahl aufmerksam verfolgt und als Indikator für eine globale Schwächung liberaler Werte interpretiert. In den Monaten nach der Wahl reagieren die etablierten Parteien zunächst mit Unsicherheit auf diese neue Realität, während sich in der Bevölkerung Ungläubigkeit und wachsende Besorgnis angesichts eines bevorstehenden politischen Paradigmenwechsels manifestieren.

Die politische Auseinandersetzung in Deutschland verschärft sich merklich, begleitet von zunehmendem Misstrauen und Ängsten in der Bevölkerung. Die gesellschaftliche Polarisierung erreicht einen neuen Höchststand, die öffentliche Stimmung ist von wachsender Feindseligkeit geprägt.

2026

Auf den anfänglichen Schock folgt eine Phase der strategischen Konsolidierung. Die AfD nutzt ihre neu gewonnene Machtposition im Bundestag konsequent, um ihre politische Agenda zu forcieren und ihre Machtbasis weiter zu festigen. Während die demokratischen Kräfte sich weiterhin streiten, verfolgt die Partei eine kalkulierte und langfristig orientierte Strategie. Sie dominiert die parlamentarische Arbeit durch zahlreiche Anfragen und Anträge, die alle letztlich denselben Zweck haben: die Regierung zu kritisieren und die eigene Sichtweise zu zentralen Themen – Migration, Sicherheit und nationale Identität – kontinuierlich zu betonen. Auch im öffentlichen Diskurs wird die eigene Sichtweise zu bestimmten Themen immer dominanter platziert. Auf der anderen Seite bröckelt die sogenannte Brandmauer gegenüber der AfD an allen Ecken und Enden. Gleichzeitig formiert sich in der Gesellschaft Widerstand, es gibt zahlreiche zivilgesellschaftliche Initiativen und öffentliche Stellungnahmen von Künstlern und Intellektuellen. Dennoch nehmen Resignation und Zukunftsängste in der Bevölkerung zu.

2027

Das Jahr ist von einer zunehmenden Konfrontation zwischen der AfD und den demokratischen Kräften geprägt. Die AfD intensiviert ihre Angriffe auf demokratische Institutionen, die Medien, die Justiz und die Zivilgesellschaft, durch gezielte Provokationen, Falschmeldungen und Gesetzesinitiativen, die auf eine Schwächung des Rechtsstaates abzielen. Warum? Mögliche Machtverschiebungen zugunsten der AfD bei Landtagswahlen (in 2026 und 2027 werden fünf Landtage gewählt, zudem der Bundespräsident), insbesondere in Ostdeutschland, könnten die gesamtstaatliche Lage weiter destabilisieren. Das gesellschaftliche Klima wird zunehmend von Angst und Feindseligkeit bestimmt, der gesellschaftliche Zusammenhalt nimmt weiter ab.

2028

Die politische Entwicklung erreicht einen kritischen Punkt. Die politische Lage ist so instabil wie nie, die Handlungsfähigkeit der Regierung ist erheblich eingeschränkt, und das Vertrauen der Bürger in die Politik gelangt an einen historischen Tiefpunkt. Die Polarisierung erreicht eine neue Intensität, und die politische Gewalt nimmt zu. Zahlreiche Bürgerinnen und Bürger ziehen eine Auswanderung in Betracht, viele Migranten haben bereits das Land verlassen. Die AfD könnte diese Schwäche gezielt ausnutzen, um vorgezogene Neuwahlen zu provozieren, in der Erwartung weiterer Zugewinne, ob im Bund oder auf Landesebene. Vereinzelt gibt es Versuche etablierter Parteien, strategische Allianzen mit der AfD zu schmieden.

Autoritäre Regime beobachten die Entwicklung in Deutschland aufmerksam und versuchen, die Destabilisierung des Landes weiter zu befördern und ihren Nutzen daraus zu ziehen. Die Europäische Union gerät zunehmend unter Druck. Der Alltag in Deutschland ist weiterhin von politischer Anspannung und Sorge um die Zukunft der Demokratie geprägt.

2029

Abermals steht eine Bundestagswahl an, während sich die Demokratie in der Krise befindet. Extremistische Kräfte stellen die Legitimität des Wahlsystems infrage, gefährlichere Verschwörungserzählungen verbreiten sich.

Die AfD erreicht schließlich ein Wahlergebnis von über dreißig Prozent und ist damit stärkste Kraft, die anderen Parteien verlieren deutlich. Die Bildung einer stabilen Regierung nach demokratischen Prinzipien erweist sich als äußerst schwierig, Verfassungskonflikte und ein offener Bruch mit dem Rechtsstaat drohen. Die AfD versucht, eine Minderheitsregierung zu bilden oder eine autoritäre Wende einzuleiten, unterstützt durch radikalisierte Teile des Staatsapparates und ausländische Akteure.

Manche mögen diese Skizze für Schwarzmalerei halten, für dystopischen Blödsinn. Bis hierher ging es ja noch gut. Aber von den zweiunddreißig Prozent bei den Landtagswahlen 2024 in Thüringen ist es nicht mehr weit bis zur absoluten Mehrheit. Das kann man eigentlich nur verkennen, wenn man die Augen ganz fest verschließt. Und auch ohne Regierungsbeteiligung kann die Partei erheblichen Einfluss ausüben: Sie kann Fachausschüsse dominieren und Richtungsentscheidungen erzwingen; sie kann Debatten im Parlament prägen und die Agenda mitbestimmen; mit mehr als einem Drittel der Sitze hat sie eine sogenannte Sperrminorität und kann Verfassungsänderungen blockieren. Und sollte sie in mehreren Bundesländern den Ministerpräsidenten stellen (warum sollte das im Osten nicht passieren, sie liegt ja überall gnadenlos vorne), kann sie über den Bundesrat wichtige Gesetze blockieren – dort reicht ein Drittel der Stimmen, um zustimmungspflichtige Vorhaben zu stoppen. Und wer weiß, vielleicht findet sich ja auch noch einen Steigbügelhalter. Ich hätte da schon ein paar im Auge … Kurzum: Auch ohne Regierungsamt lässt sich die Demokratie gezielt sabotieren und rechtsradikale Politik machen.

Und dann? Eine Partei, die offen mit antidemokratischen

Fantasien flirtet, wird durch demokratische Wahlen legitimiert – das bringt unser System ins Wanken. Nicht, weil man keine Wahlen mehr durchführen kann, sondern weil das Ergebnis das Gegenteil von dem hervorbringt, was Demokratie eigentlich schützen soll. Dann entsteht eine Legitimitätskrise: Akzeptiert man das Wahlergebnis – oder verteidigt man die Demokratie gegen eine Partei, die genau dieses System ausnutzt, um es zu zerstören? Beides gleichzeitig geht nicht. Und genau diese Ambivalenz ist brandgefährlich, das sehen wir an der Diskussion zum Parteiverbot.

Und als wäre das nicht schon schlimm genug, wird diese Entwicklung von außen befördert. Russland verbreitet gezielt Desinformation, um Demokratien zu destabilisieren. Rechte Netzwerke in den USA vernetzen sich global, Algorithmen machen aus jeder Verschwörung einen viralen Dauerbrenner, und Plattformen wie *X* entfernen Regeln gegen Hassrede und geben radikalen Stimmen Reichweite und Resonanz. Die AfD reitet genau auf dieser Welle. Sie profitiert nicht von zufälligem Protest, sondern von einer weltweiten Strategie, die auf Zersetzung, Misstrauen und Polarisierung setzt. Und nein – ich übertreibe nicht. Ich habe nur keine Lust mehr, zu beschönigen. Was hier passiert, ist keine irgendwie schrille Debatte, sondern ein Prozess. Und dieser Prozess endet – wenn wir nichts dagegen tun – dort, wo demokratische Institutionen ausgehöhlt, gegeneinander ausgespielt oder gleich ganz entmachtet werden.

Wie es dann bestellt ist um freie Meinungsäußerung oder Diversität? Ein kleiner Vorgeschmack gefällig? In den USA, dem Land der »Freiheit«, wird gerade ganz offen getestet, wie viel Kontrolle man Menschen über ihr eigenes Leben nehmen kann – ganz legal, ganz systematisch. In Florida etwa dürfen Lehrer laut dem Stop WOKE Act nicht mehr offen über Rassismus oder Sklaverei als systemische Gewalt sprechen. Stattdessen heißt es in Schulmaterialien inzwischen stellenweise, die Sklaverei habe »Fertigkeiten« vermittelt – ja, das steht da wirklich. Bücher über queeres Leben, schwarze Geschichte oder kritisches Denken werden reihenweise aus Schulbibliotheken entfernt – mit dem Argument, sie könnten »Kinder verwirren«. Allein 2023 wurden in den USA über 1200 Bücher offiziell verbannt, viele davon über LGBTQ+-Personen oder Rassismus. In diesem Zuge wurden auch zahlreiche Bilder und Inhalte entfernt, die die Beiträge schwarzer Offiziere und anderer Minderheiten hervorheben. Dasselbe Spiel an Universitäten: In mehreren republikanisch regierten Staaten wird der Begriff »systemischer Rassismus« aus Universitäts-Curricula gestrichen. Wissenschaft wird ersetzt durch Ideologie. Forschung zu Gender, Rassismus oder auch Klimawandel wird unter »woke bias« verdächtigt.

Bereits 2022 wurde das landesweite Recht auf Abtreibung gekippt. Etliche Staaten haben Abtreibungsverbote erlassen, selbst bei Vergewaltigung oder Lebensgefahr – mit teils drakonischen Strafen für Ärzte, die dem zuwiderhandeln. In Texas etwa drohen bis zu 99 Jahre Haft. Transmenschen? In über einem Dutzend Bundesstaaten wurde medizinische Versorgung für trans Jugendliche verboten. Einige Staaten planen, diese Verbote auch auf Erwachsene auszudehnen.

Und sollte der Supreme Court wirklich entscheiden, dass ein Präsident für Taten im Amt absolute Immunität genießen kann, dann reden wir vielleicht bald nicht mehr von einem demokratisch gewählten Amt, sondern von einem Job auf Lebenszeit. Uns selbst bleibt dann nichts mehr anderes übrig, als das Ganze wie eine dystopische Netflix-Serie zu verfolgen. Aber das ist keine Fiktion. Das ist ein autoritäres Testlabor, absolut real.

Es beginnt mit einem veränderten Lehrplan. Einem abgesetzten Vortrag. Einem Schweigen im Lehrerzimmer. Einzelne Punkte – alle »diskutabel«. Aber zusammen? Whooooo. Da wird einem schwindelig. Das hat doch nichts mehr mit Freiheit zu tun.

Wenn wir also nicht begreifen, dass es hier nicht um »Meinungsvielfalt« geht, sondern um systematische Aushöhlung, dann verlieren wir etwas, das wir für selbstverständlich hielten: eine demokratische Gesellschaft, die auch in der Krise funktioniert. Und das wäre dann wirklich keine Übertreibung mehr, sondern Geschichte.

Deshalb hier nun das Positive, das, was wirklich passieren wird. Da bin ich mir sicher. Ja, dieses Land hat sich verändert. In den letzten fünfzehn Jahren tiefgreifend, in den letzten fünf Jahren elementar. Dinge verändern sich nun mal. Wer zurückblickt, mag sich fragen, wie stabil und widerstandsfähig unsere Gesellschaft in diesen bewegten Zeiten war und ist. Die Demokratie erlebt immer wieder Erschütterungen und tiefgreifende gesellschaftliche Veränderungen. Doch inmitten dieser Umbrüche gab es stets Momente der Hoffnung, die uns daran erinnerten und erinnern, dass die Zukunft unseres Landes aktiv von uns gestaltet werden kann.

Trotz dieses düsteren Zukunftsszenarios verfügt die deutsche Demokratie über inhärente Stärken. Das Grundgesetz und das Bundesverfassungsgericht bilden ein stabiles Fundament für den Schutz demokratischer Prinzipien. Zudem existieren ein breites zivilgesellschaftliches Engagement und eine Verpflichtung zu demokratischen Werten in großen Teilen der Bevölkerung. Also ja, wir können die drastischeren Entwicklungen bis 2030 aufhalten. Wir müssen uns dazu nur viel stärker bekennen. Viel, viel stärker.

Populismus – das Gift, das schmeckt

Populistische Rhetorik ist wie Fast Food: schnell, billig, sättigend – und auf Dauer ziemlich ungesund. Sie speist sich aus Vereinfachungen, schmiert den Zuhörern Honig um den Mund und verpasst der sogenannten Elite gleichzeitig einen Tritt gegen das Schienbein. Die Zutatenliste? Ein bisschen »Wir gegen die«, ein ordentlicher Schuss Empörung, gewürzt mit Angst und einem Hauch Verschwörung. Fertig ist die Mahlzeit, die Gänsehaut verursacht – nicht vor Begeisterung, sondern vor Erschrecken.

Dieses Kapitel ist kein Alarmruf. Der Knopf ist seit ein paar Jahren kaputt. Es ist eine Bestandsaufnahme. Ich schreibe das auch ein bisschen für die, die diesem Irrsinn noch nicht ein Leben lang ausgesetzt sind und vieles vielleicht zum ersten Mal hören. Schließlich haben die radikalen Rechten erheblichen Zulauf bei Erstwählern und jungen Menschen, nicht bei Rentnern.

Ich schreibe es aber auch für die, die glauben, das alles schon längst zu wissen, und trotzdem tagtäglich dazu beitragen, dass sich dieser Virus verbreitet: die Medien. Es war vor allem die

Berichterstattung, die Populisten weltweit so groß gemacht hat. Ich verstehe das Dilemma – berichten muss man. Aber wie berichtet wird, ist längst aus dem Ruder gelaufen. Man hätte sich, zumindest aufseiten der demokratischen Qualitätsmedien, auf eine gemeinsame Linie einigen können oder darauf, wem man wie viel Reichweite gibt – spätestens, als man erkannt hat, dass die Empörung Taktik ist. Das war erkennbar, es wurde auch diskutiert, aber man hat sich stattdessen für Klicks, Quoten und Aufmerksamkeit entschieden – nicht für Haltung. Im Sinne der Demokratie war das der falsche Weg. Manchmal muss der Wille zur Verteidigung unserer Werte größer sein als der Drang nach Erfolg, Macht oder Geld. Manchmal braucht es einen Schulterschluss mit denen, die vielleicht in direkter Konkurrenz zu einem stehen. Das hier wäre so ein Moment gewesen. Die Chefredaktionen der großen Häuser hätten einen gemeinsamen Kodex erarbeiten können, wie man das Kalkül der Neuen Rechten durchbrechen kann. Wie man die anderen vor sich hertreibt (und nicht von ihnen getrieben wird). Das funktioniert!

Ich komme darauf noch einmal zurück, aber sagen möchte ich schon mal: Dies soll keine pauschale Medienkritik sein, ich fasse mir da selbst auch ganz doll an die eigene Nase. Es gab Stimmen, die gewarnt haben. Es gab Redaktionen, die widerstanden haben, die Haltung zeigten. Aber sie wurden oft überstimmt, belächelt oder schlicht ignoriert. Am Ende setzte sich das durch, was Reichweite versprach – nicht, was unsere Demokratie gebraucht hätte. Eine verpasste Chance. Und eine zweite wird es, leider, nicht mehr geben. Wobei, doch. Es gibt Dinge, da beginnt gerade ein Umdenken, und man weiß, dass das etwas bringt. Die Menschen sind nämlich oft nicht so doof, wie wir glauben möchten.

Beginnen wir mit einem griffigen Beispiel für populistische

Rhetorik: dem Narrativ von den Messerstechern. Mal Hand aufs Herz: Woran denkt ihr beim Wort »Messerstecher« zuerst? Nicht an Rüdiger oder Manuel. Nein, Macho-Türken, Araber-Hochzeiten, Großfamilien, Clan-Kriminalität, genau, daran denkt man. An all das, was einem wahrscheinlich jeden Tag in Deutschland mehrfach begegnet. Nicht nur im alltäglichen persönlichen Umfeld, sondern auch medial und politisch. Also ist es auch real. Oder etwa nicht? Überleg mal, wann du das letzte Mal in Clan-Kriminalität verstrickt worden bist.

Die öffentliche Debatte um sogenannte »Messerstecher« wird in Deutschland seit Jahren sehr emotional geführt. Besonders in rechten Kreisen wird die Vorstellung, Messerkriminalität werde fast ausschließlich von Menschen mit Migrationsgeschichte begangen, hartnäckig verbreitet. Und die Medien tragen maßgeblich dazu bei, dass sich dieses verzerrte Bild verfestigt. Dabei ist die Realität deutlich komplexer. Laut dem »Bundeslagebild Messerkriminalität 2023« des Bundeskriminalamtes waren etwa 41 Prozent der Tatverdächtigen Deutsche ohne Migrationshintergrund, während rund 59 Prozent eine ausländische Staatsbürgerschaft oder einen Migrationshintergrund aufwiesen. Diese Zahlen variieren je nach Region, Tatmotiv und sozialem Kontext. Der entscheidende Punkt ist jedoch, dass die Tatmotivation, der sozioökonomische Hintergrund und individuelle Umstände in der öffentlichen Debatte oft ausgeblendet werden, während die Herkunft in den Vordergrund rückt. Auch erhalten Vorfälle mit mutmaßlich migrantischen Tätern im Durchschnitt dreimal so viel mediale Aufmerksamkeit wie ähnliche Taten mit deutschen Tatverdächtigen. Diese Verzerrung belegen medienwissenschaftliche Studien, darunter Analysen der Universität Leipzig (2024) und des Leibniz-Instituts für Medienforschung (2023).

Diese Schieflage erklärt sich durch mehrere Faktoren. Erstens spielt die Nachrichtenwert-Theorie eine zentrale Rolle: Straftaten mit »fremden« Tätern gelten als interessanter und werden daher bevorzugt berichtet. Zweitens beeinflusst die sogenannte Verfügbarkeitsheuristik die Wahrnehmung der Leser: Spektakuläre Fälle, die medial aufgebauscht werden, bleiben im Gedächtnis haften und prägen das Sicherheitsgefühl. Drittens zeigt sich ein Agenda-Setting-Effekt: Rechtspopulistische Diskurse dringen zunehmend in Redaktionen vor, oft subtil, manchmal ganz offen. Eine Analyse von 500 Artikeln in überregionalen Zeitungen zwischen 2020 und 2024 ergab, dass in 78 Prozent der Berichte über mutmaßlich migrantische Täter deren Herkunft explizit genannt wurde. Bei deutschen Tatverdächtigen geschah das in lediglich 12 Prozent der Fälle. Dieses Ungleichgewicht fördert den Trugschluss, Messerkriminalität sei vor allem ein »Ausländerproblem«.

Die Folgen dieser verzerrten Darstellung sind gravierend. Eine Eurobarometer-Umfrage aus dem Jahr 2023 zeigte, dass 61 Prozent der Deutschen glauben, die meisten Messerangriffe würden von Ausländern begangen – eine Annahme, die durch die offiziellen Statistiken, wie wir gesehen haben, nicht gestützt wird, die aber Ängste schürt, Vorurteile verstärkt und rechten Bewegungen Nährboden bietet, um rassistische Narrative zu verbreiten. Die AfD beispielsweise greift solche Verzerrungen gezielt auf und verstärkt das Bild vom »gefährlichen Fremden«. Diese Dynamik untergräbt nicht nur den gesellschaftlichen Zusammenhalt, sondern beeinflusst auch politische Entscheidungen und den öffentlichen Diskurs.

Aber es gibt auch einen Hoffnungsschimmer in dieser Gemengelage, und den gibt es nur, weil mutige Menschen, sei es in Redaktionen oder innerhalb der Zivilgesellschaft, nicht aufgegeben haben und nun doch gehört werden. Vielleicht war es dein Kommentar unter einem Post, in dem du sagtest, hier würden Dinge verzerrt dargestellt. Vielleicht war es ein mutiger Redakteur, der die Verzerrung durchbrechen wollte und die Hexenjagd der Rechten einfach nicht mehr hinnehmen wollte.

Kurzum: Es gibt ein vorsichtiges Umdenken in der Medienlandschaft, wenn es um die Berichterstattung über Messerangriffe geht, und da möchte ich nicht schreien: »Nicht genug! Das reicht mir nicht«, sondern diese Menschen mit allem, was ich habe, unterstützen. Nach Jahren, in denen jede einzelne Tat groß aufgeblasen und emotionalisiert wurde, beginnen einige Redaktionen, ihre Verantwortung ernster zu nehmen. Es wird hinterfragt, ob jede Schlagzeile wirklich nötig ist, ob jeder Push-Ton tatsächlich informiert – oder doch nur Ängste schürt.

Und das ist längst überfällig. Wir wissen: In den sozialen Netzwerken fällt es uns leichter, zu kritisieren, als zu loben. Ein »Gefällt mir nicht« kommt einem schneller über die Finger als ein ehrliches »Das hast du gut gemacht«. Kritik ist laut, Zustimmung oft still. Aber genau das ist das Problem. Denn wer nur hört, was falsch läuft, verliert irgendwann den Glauben daran, dass überhaupt noch etwas richtig läuft. Wer nur Gegenwind spürt, traut sich irgendwann nicht mehr raus. Wer nur negative Kommentare liest, glaubt, die Welt sei schlimmer, als sie es tatsächlich ist. Dabei ist sie auch schön. Und voller Menschen, die sich jeden Tag Mühe geben – aber selten dafür gesehen werden. Es ist wichtig, diesen Kreislauf zu durchbrechen. Nicht aus Naivität, sondern aus Verantwortung. Anerkennung schafft Vertrauen. Wertschätzung motiviert. Und wer Positives sichtbar macht, verändert die Atmosphäre – im Netz wie im echten Leben. Gerade jetzt, wo so viele destruktive Stimmen laut sind, braucht es ein Gegengewicht. Und das beginnt bei uns. Bei dir. Bei mir. Ein gutes Wort zur rechten Zeit kann mehr verändern als hundert schlaue Einwände.

Warum ich das erzähle? Weil es eben nicht allen bekannt ist. Weil Wiederholung nicht nur nervt, sondern Perspektiven verändert. Und weil wir aufhören müssen, von uns auf andere zu schließen. Unsere größte Chance ist die Jugend – sie ist noch offen, noch nicht festgefahren in Vorurteilen, noch bereit, Dinge anders zu sehen. Sie ist noch neugierig. Und genau deshalb ist Aufklärung so wichtig. Damit sie nicht auf das reinfällt, worauf wir selbst einmal reingefallen sind. Wenn du das alles eh schon weißt, dann reiß diese Seiten jetzt aus diesem Buch und gib sie einem jungen Menschen, der gerade erst anfängt, an diesem gesellschaftlichen Wahnsinn teilzunehmen. Debatte braucht Raum – echten, offenen Raum. Nicht Empörung, keine Filterblasen. Gerade der nicht-woke, konservative Teil der Jugend fühlte sich lange übersehen – und wurde so leichte Beute für rechte Narrative. Es reicht nicht, immer nur progressive Perspektiven sichtbar zu machen. Wir brauchen Räume, in denen sich auch die wiederfinden, die sich nicht als Einhorn identifizieren, die aber trotzdem das Gefühl haben, fremd zu sein in der Gesellschaft. Wenn man sich nicht mehr wahrgenommen fühlt, ignoriert wird, dann ist Populismus ein Gift, das schmeckt.

Deutschland ist nicht *nur* Regenbogen, sondern *auch*. Man hat es gut gemeint. Man hat es übertrieben. Jetzt ist Zeit für Balance. Keine Sorge: Balance heißt nicht Rückschritt. Es geht nicht darum, alte Zeiten zurückzuholen oder gar Nazis zu verstehen, Verachtung zu akzeptieren oder Ausgrenzung zu fördern – sondern endlich alle mitzunehmen. Ohne Ausgrenzung, in keine Richtung. Auch nicht die, die wir gar nicht verstehen. Immer schön im Hinterkopf behalten, dass es denen genauso geht. Bitte lasst uns davon verabschieden, dass alle Nazis sind, die nicht so denken wie wir. Lasst uns den wahren Nazis diese Opferkarte wegnehmen. Die gehören nämlich weiterhin alternativlos abgelehnt.

Populismus gedeiht nicht über Nacht. Er reift in Gesprächen am Küchentisch, in hitzigen Debatten auf Marktplätzen, in Social-Media-Posts, die hundertfach geteilt werden, und in Medienbeiträgen, zum Beispiel eben über Messerstecher. Er entsteht dort, wo Wut einfache Antworten verlangt und komplexe Lösungen zu anstrengend sind. Populismus ist verführerisch, weil er erklärt, was kompliziert scheint, und Schuldige liefert, wo es eigentlich Ursachen zu verstehen gäbe.

Dieses Kapitel soll nicht nur eine Bestandsaufnahme liefern. Es soll auch zeigen, *wie* Populismus funktioniert, *wo* er sich eingenistet hat und *warum* er immer häufiger nicht mehr als Ausnahme wahrgenommen wird, sondern als normale politische Haltung.

Viele haben sich an populistische Rhetorik gewöhnt. Sätze wie »Das wird man ja wohl noch sagen dürfen« sind meistens der Einstieg in Gespräche. Und während manche diese Worte mit einem Achselzucken abtun, verbreiten sie sich weiter. Populismus lebt von dem Gefühl, gehört zu werden, auch wenn das Gesagte falsch, verdreht oder schlicht gefährlich ist. In diesem Kapitel geht es darum, zu verstehen, warum Populismus dort so erfolgreich ist, wo sich Menschen übergangen, belächelt oder ignoriert fühlen.

Die Auseinandersetzung mit dem Thema ist unbequem, aber durch sie erfahren wir, wie Worte zu Realitäten werden. Was gestern noch als »Provokation« galt, ist heute alltagstauglich. Was als Randmeinung begann, sitzt in Parlamenten und diktiert Debatten. Dieses Kapitel ist kein moralischer Zeigefinger. Es ist ein Spiegel. Nicht, um Angst zu machen. Sondern um zu erkennen, wie wir an diesen Punkt gekommen sind. Und wie nah manche Grenzen inzwischen gerückt sind – weil sie nach und nach immer weiter verschoben wurden.

Ein globales Phänomen

Bevor wir uns die zentralen Merkmale von Populismus anschauen und die Gründe, warum Menschen ihm so leicht verfallen, lässt sich konstatieren: Populismus ist kein exklusiv deutsches Phänomen. Es ist kein deutsches Versagen. Vielmehr ist er ein globaler Trend, der wie ein hartnäckiger Virus über Kontinente hinweg mutiert und sich in unterschiedlichen politischen Systemen einnistet. Während Deutschland sich über die AfD empört, besetzen anderswo Populisten längst Regierungsämter. Man könnte sagen: Während hierzulande noch über das Ob gestritten wird, ist anderswo das Wie längst Praxis. Und obwohl die Symptome ähnlich sind – einfache Antworten, Schuldzuweisungen, Wir-gegen-die-Rhetorik –, unterscheiden sich die Ausprägungen von Land zu Land. Angesichts des Erfolgs von populistischen Bewegungen sind die Fragen nach Gemeinsamkeiten und Unterschieden denn auch eher zweitrangig. Viel entscheidender ist die Frage: Gibt es irgendwo ein wirksames Gegenmittel?

Beginnen wir mit den Vereinigten Staaten, dem Land, das uns nicht nur Fast Food und Netflix beschert hat, sondern auch Donald Trump – einen Populisten par excellence. Trump, der Mann mit der roten Kappe und den markigen Sprüchen, perfektionierte sozusagen das populistische Handwerk: Medien dämonisieren, Gegner beleidigen, Fakten ignorieren. Seine Wahlkampfparolen waren Musterbeispiele populistischer Rhetorik: »Make America Great Again« – als sei das Land kurz vor dem Untergang. Der Trick: Nostalgie gepaart mit Angst.

Trumps Erfolg zeigt zudem, wie effektiv Populismus sein kann, wenn er mit Entertainment verschmilzt. Seine Rallyes waren keine politischen Veranstaltungen, sondern Shows mit inszeniertem Applaus, Feindbildern und simplen Botschaften. Und während Trump auf »America First« setzte, übernahm man in Deutschland entscheidende Merkmale seiner Rhetorik: Auch hier versprechen Populisten, das Land vor dem Untergang zu retten. Der Unterschied? In den USA führte Populismus direkt ins Weiße Haus. In Deutschland bleibt es bisher bei der, wenn auch lautstark besetzten, Oppositionsbank – zumindest bis heute.

Schauen wir nach Brasilien, wo Jair Bolsonaro unter dem Banner von Law-and-Order, Nationalstolz und Antiglobalismus ins Präsidentenamt marschierte. Seine Rhetorik? Eine Mischung aus Macho-Sprüchen, Verschwörungserzählungen und offenen Angriffen auf Minderheiten. Bolsonaro bezeichnete Covid-19 als »kleine Grippe« und prahlte damit, keine Maske zu tragen. Ein entscheidendes Merkmal vieler Populisten: Wissenschaft ist verdächtig, und Experten sind Teil der Elite, die »das Volk« bevormundet. Auch in Deutschland lässt sich dieses Muster erkennen, etwa als Politiker der AfD Vertreter des Robert-Koch-Instituts während der Corona-Pandemie als »Regierungslobbyisten« bezeichneten. Der Unterschied liegt in der Intensität: Während Bolsonaro ganze Behörden umstrukturierte, bleibt der deutsche Populismus vorerst auf verbale Attacken beschränkt.

Auch Ungarn hat den Populismus erfolgreich institutionalisiert. Viktor Orbán regiert seit Jahren mit einer Mischung aus Nationalismus, Medienkontrolle und Fremdenfeindlichkeit. Am liebsten spricht er von einer »illiberalen Demokratie«. Ein Widerspruch in sich, aber das stört kaum jemanden unter seinen Anhängern. Orbán nutzt Migration als Dauerthema, um Ängste zu schüren. Plakate mit Slogans wie »Stoppt Brüssel!« oder »Schützt unsere Familien!« pflastern das Land. Die EU mag den Kopf schütteln, doch Orbáns Strategie funktioniert. Der Unterschied zu Deutschland? In Ungarn sind demokratische Institutionen längst ausgehöhlt. In Deutschland gibt es immerhin noch funktionierende Gegenkräfte – noch. Interessant ist zudem, wie Orbán und die AfD ideologisch miteinander flirten. Ein AfD-Abgeordneter schwärmte öffentlich von Ungarns »klarer Linie« in der Migrationspolitik.

In Polen zeigt die PiS-Partei unter Jarosław Kaczyński, wie Populismus mit religiösem Konservatismus verschmilzt. Hier geht es nicht nur um Migration, sondern auch um die »Verteidigung christlicher Werte«. Frauenrechte? Ein Dorn im Auge der Regierung. LGBTQ+-Rechte? Eine Bedrohung für das traditionelle Familienbild. Auch hier gibt es Parallelen zur AfD, die vor einer »Frühsexualisierung« warnt und Regenbogenfahnen als Provokation bezeichnet. Doch während Deutschland sich noch streitet, ob solche Aussagen salonfähig sind, hat Polen längst Gesetze erlassen, die Rechte von Minderheiten einschränken. Die internationale Gemeinschaft übt Kritik daran – mit mäßigem Erfolg. Populismus, das zeigt Polen, ist immun gegen Empörung. Je lauter die Kritik von außen, desto mehr stärkt sie die Erzählung vom »angriffslustigen Ausland«.

Italien schließlich wäre ohne Populismus kaum vorstellbar. Erinnert ihr euch noch an Silvio Berlusconi? Anfänger! Das waren noch Zeiten. Aber man hat gelernt, es besser zu machen, massenkompatibler. Giorgia Meloni, die italienische Ministerpräsidentin, zeigt, wie rechte Parteien mit patriotischen Parolen und Anti-Migrationsrhetorik Wahlsiege einfahren und stabile Koalitionen bilden – während ihr Stellvertreter Matteo Salvini in Badehose am Strand steht, um gegen Migrantenboote zu protestieren. Er nutzt soziale Medien wie ein Influencer. Seine Botschaft: Italien zuerst. Klingt bekannt? Salvini und die AfD teilen die Begeisterung für Grenzzäune und für das Schüren von Angst vor »Überfremdung«. Der Unterschied: Salvini war Innenminister und kann als stellvertretender Ministerpräsident reale Politik gestalten. Die AfD hingegen bleibt auf Bundes- und Landesebene weitgehend machtlos: kein Ministerium, keine Regierungsbeteiligung, keine echten Hebel. Auch in den Ländern ist sie bislang außen vor, weil alle anderen Parteien Koalitionen mit ihr ausschließen. Formal also keine Macht. Aber wer weiß, wie lange noch. Denn auf kommunaler Ebene sieht das schon anders aus. In Rathäusern, Gemeinderäten und Kreistagen sitzt die AfD oft mit am Tisch, stimmt mit, prägt Debatten – und wird dort nicht selten als »ganz normaler« Teil des politischen Betriebs wahrgenommen. Und genau von hier aus entfaltet sie schleichend Einfluss. Ihre Positionen finden über Bande den Weg in den Diskurs, ihre Sprache wirkt bis in andere Parteien hinein. Sie regiert nicht – aber sie wirkt. Und das ist vielleicht gefährlicher, als es auf dem Papier aussieht.

Das internationale Bild rundet ein Blick nach Frankreich ab. Marine Le Pen und ihre Partei Rassemblement National verkörpern einen modernisierten Rechtspopulismus: weniger Holocaust-Relativierung (wie noch zu Zeiten ihres Vaters Jean-Marie Le Pen, man hat schließlich dazugelernt), mehr soziale Themen. Ihre Strategie: »Wir sind nicht gegen den Staat, wir sind das wahre Volk.« Auch hier sind die zentralen Themen: Migration, Sicherheit, nationale Identität. Le Pen versteht es, Arbeiter und Mittelstand gleichermaßen anzusprechen, ihre Partei hat sie zu einer festen Größe im französischen Nationalparlament etabliert – daran wird auch ihre Verurteilung, auf die ich gleich zu sprechen komme, nichts ändern. Während deutsche Populisten oft auf maximale Provokation setzen, versucht Marine Le Pen sichtbar ihr Image zu polieren, ihre Radikalität zu mäßigen, um auch andere Wählergruppen anzusprechen. Welche Strategie langfristig erfolgreicher ist? Schwer zu sagen. Aber eines ist sicher: Der Populismus ist in beiden Ländern ein fester Bestandteil der politischen Landschaft.

Was lernen wir aus diesen internationalen Beispielen? Erstens: Populismus gedeiht dort, wo Unsicherheit herrscht. Eine marode Wirtschaft, eine hohe Migration, kulturelle Veränderungen – diese Krisensymptome bilden den idealen Nährböden. Zweitens: Die Feindbilder sind überall dieselben: die EU, Migranten, »linke Eliten«. Drittens: Populisten sind anpassungsfähig. Ob religiös-konservativ wie in Polen oder neoliberal-nationalistisch wie in den USA – Hauptsache, die Erzählung vom »guten Volk« gegen »die bösen Eliten« bleibt intakt. Viertens: Institutionen sind der Schlüssel. Wo sie stark sind, bleibt Populismus auf der Oppositionsbank. Wo sie schwächeln, marschiert er ins Parlament – oder gleich ins Regierungsamt.

Populisten lernen voneinander. Mittlerweile kann man getrost von einem internationalen Netzwerk sprechen, das – einig in ihrer Ablehnung von Vielfalt und Demokratie – Narrative austauscht und Strategien kopiert. Ein Experte vom European Policy Centre formulierte es so: »Populisten sind wie Franchise-Ketten. Das Grundrezept ist überall gleich, nur die Gewürze variieren.«

Dass Deutschland mit der AfD – die es als rechtspopulistische Partei innerhalb kürzester Zeit geschafft hat, sich in der politischen Landschaft zu etablieren – im Vergleich zu den anderen Ländern noch hintansteht, sollte kein Trost sein. Denn der Blick ins Ausland zeigt: Was heute noch empört, kann morgen schon normal sein. Man sollte nicht so naiv sein und glauben, der Bundestag sei nicht zu stürmen. Wobei … Im Grunde haben sie den Bundestag schon gestürmt. Aber einmal so richtig, wie in den USA, ich bin überzeugt, davon träumen sie.

Und, bevor ich's vergesse, wir lernen noch etwas aus diesen internationalen Beispielen. Etwas, das Hoffnung macht. Die Welt steht nämlich nicht kurz davor, zu explodieren. Noch nicht. Ich habe Bolsonaro als Paradebeispiel für rechtspopulistische Machtpolitik angeführt – und er wurde 2022 abgewählt. Populismus ist also kein ewigwährendes Schicksal. Gesellschaften können sich wehren, wenn sie sich organisieren, widersprechen und Alternativen bieten. Brasilien hat gezeigt, dass es möglich ist, die politische Richtung zu korrigieren – auch nach Jahren der Spaltung.

Komplexer wird es bei Le Pen. Als ich von ihrer Verurteilung hörte, war mein erster Gedanke: Ist das jetzt gut oder schlecht? Gut, weil der Rechtsstaat funktioniert und selbst prominente Politikerinnen sich nicht über das Gesetz stellen können? Oder schlecht, weil genau das den Populisten den perfekten Stoff liefert, um sich erneut als Opfer einer »politischen Justiz« zu inszenieren?

Le Pen wurde im März 2025 wegen Veruntreuung von EU-Geldern schuldig gesprochen (Stand heute ist das Urteil allerdings noch nicht rechtskräftig). Sie darf fünf Jahre lang nicht kandidieren – das bedeutet: 2027 wird es keine französische Präsidentin Marine Le Pen geben. Das ist auf den ersten Blick ein starkes Signal gegen Rechtspopulismus. Und doch bleibt ein schaler Beigeschmack. Denn für viele ihrer Anhänger – und nicht nur für sie – wird das Urteil nicht als Gerechtigkeit verstanden, sondern als Versuch, eine unliebsame Gegnerin auszuschalten. Genau dieser Zwiespalt macht es so schwierig.

Dann dachte ich mir: Die Debatte um ein mögliches AfD-Verbotsverfahren wird mit ähnlichen Argumenten geführt. Friedrich Merz etwa warnt davor, dass ein Verbot eher wie eine Strafaktion gegen politische Gegner wirken könnte – vor allem, wenn es ausgerechnet jetzt kommt, wo die Umfragewerte der AfD steigen. Der schleswig-holsteinische Ministerpräsident Daniel Günther jedoch, ebenfalls von der CDU, äußert sich genau gegenteilig: Ein Verbot sei »vertrauensbildend«, der Staat müsse sich schützen. Die Argumente beider Seiten haben etwas Richtiges, aber auch ihre Schwächen. Wie kommen wir nun zu einer Entscheidung?

Schauen wir etwas genauer nach Frankreich. Nach dem Urteil gegen Marine Le Pen ist in Frankreich nicht das eingetreten, was viele Kritiker eines harten Vorgehens gegen Populisten befürchtet hatten. Es gab keine breite Solidarisierungswelle, keinen gesellschaftlichen Aufschrei, keinen drastischen Stimmungsumschwung. Die erwartete Radikalisierung »des Volkes« blieb aus – zumindest bisher. Zwar sprach Le Pen von einem »politischen Prozess«, und ihre Kernwählerschaft steht weiterhin hinter ihr. Doch außerhalb dieses Lagers blieb die Aufregung bemerkenswert begrenzt. Die französische Öffentlichkeit wirkte fast nüchtern – als hätte man damit gerechnet, dass selbst große Namen dem Rechtsstaat nicht entkommen. Laut einer Umfrage von Odoxa empfanden die meisten Franzosen die Gerichtsentscheidung als fair und nicht überraschend. Eine Verleumdung der Justiz – sie sei käuflich, politisch gefärbt oder

Ähnliches – wurde insbesondere von älteren Wählern abgelehnt.

Für Deutschland ist das lehrreich. Die Angst, ein Verbot oder eine Verurteilung könnte rechte Kräfte nur stärken, ist verständlich – Friedrich Merz formulierte sie als Sorge, man könnte als Demokratie »wie ein schlechter Verlierer« wirken. Doch der Fall Le Pen zeigt: Nicht die Maßnahme an sich ist entscheidend, sondern wie sie kommuniziert und juristisch begründet wird. Wenn es nachvollziehbar, transparent und rechtlich sauber läuft, kippt die Stimmung eben nicht automatisch.

Es ist schwierig, dies wissenschaftlich zu belegen, weil es nur wenige vergleichbare Fälle gibt. Aber Politikwissenschaftler wie Jean-Yves Camus oder Cas Mudde betonen: Populistische Bewegungen leben nicht zwingend von Repression, sondern von der Erzählung, ungerecht behandelt zu werden. Wenn man ihnen diese Erzählung nimmt – indem man nüchtern, fair und konsequent handelt –, dann verlieren sie nicht selten an Kraft.

Was also tun? Verbieten oder aushalten? Einschreiten oder laufen lassen? Deutschland ist nicht Frankreich. Le Pen nicht die AfD, deshalb habe ich keine finale Antwort, aber ich weiß: Die Wirkung zählt. Nicht nur juristisch, sondern gesellschaftlich. Le Pens Verurteilung zeigt, dass man Populisten auf dem Boden des Rechts begegnen kann – aber auch, wie schnell das zur politischen Munition werden kann. Vielleicht ist genau das die Lehre: dass es nicht reicht, recht zu haben, wenn man das Vertrauen der Bevölkerung verliert.

Frankreich hat mit Le Pen gezeigt, dass Konsequenz nicht zwangsläufig Polarisierung bedeutet. Und vielleicht liegt genau darin der Schlüssel: Ein demokratischer Staat muss sich wehren können – aber auf eine Weise, die mehr Vertrauen schafft als zerstört. Denn am Ende zählt nicht nur das Urteil, sondern ob es »geglaubt« wird. Nicht nur das Verfahren, sondern ob es überzeugt. Schlussendlich wird der Kampf gegen Populismus nicht vor Gericht entschieden – sondern in der Mitte der Gesellschaft. Denn wir Migranten wissen ganz genau, dass es diesen ganzen blau-braunen Mist auch ohne AfD gab und weiterhin geben wird, sollte es tatsächlich zu einem Verbot kommen. Aus den Augen, aus dem Sinn ist hier keine Lösung, für mich jedenfalls nicht. Die Demokratie muss es auf jeden Fall nicht aushalten, wenn sie mit vermeintlich demokratischen Mitteln abgeschafft werden soll.

Merkmale des Populismus

Ein zentrales Merkmal ist das Freund-Feind-Schema. »Wir, das Volk« gegen »die da oben«. Dabei bleibt meist vage, wer genau »die da oben« sind. Politiker? Medien? Globale Eliten? Ich? Egal. Hauptsache, sie sind schuld. Wenn ein Vertreter der AfD oder einer anderen populistischen Vereinigung ruft: »Sie belügen euch alle!«, ist das wirkungsvoller als eine langweilige Statistik zur Haushaltslage. Björn Höcke beherrscht diese Kunst meisterhaft. In einer Rede erklärte er: »Wir werden von Volksverrätern regiert!« – Applaus aus dem Publikum. Die Sprache ist martialisch, die Bilder dramatisch. Von »Kampf« und »Widerstand« ist die Rede, als stünde der Untergang unmittelbar bevor.

Das Freund-Feind-Schema hängt eng mit der Opferrolle zusammen, die in der populistischen Rhetorik ebenfalls gerne bedient wird. Wer populistisch redet, inszeniert sich gerne als mutiger Kämpfer gegen das Establishment – selbst wenn er im Parlament sitzt und Steuergelder kassiert. Alice Weidel sprach in einer Bundestagsrede von einer »Hexenjagd« gegen die AfD, während sie gleichzeitig von der Rednertribüne herab das politische System in Grund und Boden stampfte. Das Narrativ: »Wir sagen, was ihr denkt – und deswegen hassen sie uns!« Diese Methode schweißt Anhänger zusammen. Kritik wird nicht als Argument wahrgenommen, sondern als Bestätigung, auf dem richtigen Weg zu sein. Ein AfD-Anhänger brachte es auf einer Demonstration auf den Punkt: »Wenn die Lügenpresse gegen sie ist, dann müssen sie ja recht haben!« Logik? Fehlanzeige. Aber Logik ist auch nicht das Ziel – es geht um Gefühl. Und das Gefühl ist: Die wollen uns kleinhalten.

Emotionalisierung ist ein Kernelement des Populismus, und Wut und Empörung sind die Treibstoffe. Ein Bürger, der am Abend entspannt die Nachrichten schaut, ist schwerer zu mobilisieren als einer, der vor Zorn kocht. Deswegen setzen Populisten auf Provokationen, deshalb werden filmreife Bedrohungsszenarien an die Wand gemalt. Ein Beispiel: Als Björn Höcke vom »Denkmal der Schande« sprach, war die Empörung groß – und genau das war der Punkt. Empörung sorgt für Aufmerksamkeit. Und Aufmerksamkeit ist die Währung politischer Bewegungen. Wer empört ist, klickt, teilt und redet. So verbreiten sich Botschaften wie Lauffeuer.

Denn wir leben in einer Zeit, in der sich die Wirklichkeit nicht mehr an Fakten orientiert, sondern an Gefühlen. Gefühle sind einfach, Fakten sind anstrengend, sie prallen am Emotionalen des Populismus ab. Klimawandel? »Fühlt sich nicht wärmer an als früher.« Impfungen? »Mein Bauchgefühl sagt mir, das ist gefährlich.« Migration? »Ich sehe zwar keine Belege, aber ich habe das Gefühl, dass wir überrannt werden.« Die Rhetorik der Populisten ist simpel, eingängig und eben emotional aufgeladen. Ein Satz wie »Die Regierung will uns versklaven« wirkt stärker – ein erster Impuls sagt: Hier geht es um eine dramatische Ungerechtigkeit – als eine nüchterne Erklärung zu Gesundheitsschutzmaßnahmen. Willkommen in der Ära der gefühlten Wahrheiten, in der Statistiken nicht zählen, wenn sie nicht ins Weltbild passen. Willkommen in der fantastischen Welt von Donald Trump und allen, die so werden wollen wie er.

Wiederholungen sind ein weiteres Markenzeichen des Populismus. Was in der Schule als Stilmittel durchfällt, funktioniert hier ganz hervorragend. Immer und immer wieder dieselben Sätze, bis sie sich ins Hirn brennen. »Wir sind das Volk!« – vier Worte, die auf einer Demo dutzendfach skandiert werden. Oder Gaulands berühmtes »Wir werden sie jagen!«, nach der Bundestagswahl 2025 freimütig wiederholt. Der Satz ist kurz, aggressiv und bleibt hängen. Das Narrativ vom »großen Austausch«: Wird so oft wiederholt, dass man sich fragt, ob manche wirklich glauben, Angela Merkel habe heimlich Massenmigrationspläne in ihrer Schublade gehabt.

Die Vereinfachung komplexer Themen ist hier schon öfter angeklungen, auch sie ist zentraler Bestandteil populistischer Rhetorik. Steuerpolitik? Zu kompliziert. »Die da oben nehmen euch das Geld weg!« – versteht jeder. Klimawandel? »Früher war's auch mal warm, stellt euch nicht so an!« Migration? »Wir können nicht die ganze Welt retten!« Diese Sätze sind so flach, dass man über sie stolpert – aber gerade das macht sie effektiv. Wenn die Welt und ihre Krisen – Pandemie, Kriege, Inflation – überfordern, dann suchen Menschen nach Ordnung. Der Psychologe Michael Butter, Experte für Verschwörungserzählungen, erklärt: »Verschwörungen liefern einfache Geschichten mit klaren Bösewichten. Das beruhigt.« Statt sich mit komplexen wirtschaftlichen oder politischen Zusammenhängen auseinanderzusetzen, ist es einfacher, zu glauben: »Die da oben wollen uns kontrollieren.« Und Schuldige sind schnell gefunden: Politiker, Migranten, Wissenschaftler. Wer im eigenen Leben Kontrollverlust spürt, holt sich die Kontrolle in Erzählungen und Theorien zurück. Wer nach einem harten Arbeitstag eine Rede hört oder einen Beitrag liest, will nicht wissen, wie CO_2-Moleküle funktionieren. Er will hören: »Die Grünen wollen euch das Autofahren verbieten!« Fertig. Verstanden. Wut geweckt.

Persönliche Angriffe und Entmenschlichung sind ebenfalls feste Bestandteile populistischer Rhetorik. Politiker werden »Vaterlandsverräter« genannt, Journalisten »Systemhuren« und Aktivisten »links-grün versiffte Zecken«. Diese Erniedrigung hat Strategie. Wenn der Gegner entmenschlicht wird, fällt es leichter, Hass zu schüren. Menschen werden zu »Parasiten« erklärt, Migranten zu »Invasoren«. Sprache schafft Realität. Wer Menschen als Bedrohung darstellt, rechtfertigt die Hetze gegen sie.

Ironie und Sarkasmus sind dabei wirksame Stilmittel. Ein AfD-Politiker fragte im Bundestag: »Wie viel Irrsinn kann man in ein Gesetz packen? Die Grünen zeigen es uns jede Woche neu.« Die Lacher auf den eigenen Bänken hatte er sicher, während sich der Rest des Saals fremdschämte. Solche Spitzen sind einfach, aber wirkungsvoll. Politik wird zum Stammtischgespräch – nur lauter und gemeiner.

Schließlich spielen populistische Redner gerne mit patriotischen Gefühlen. Fahnen, Hymnen, »unsere Heimat« – das klingt warm, heimelig und nach Sonntagsbraten bei der Oma. Wer sich gegen Migration ausspricht, verteidigt ja angeblich nur das Vaterland. Björn Höcke sagte einmal: »Wir wollen ein Deutschland, das deutsch bleibt.« Was das konkret heißt? Unklar. Aber das Bild ist klar: Hier wir, dort die anderen. Und die anderen sind fremd und bedrohlich. Die anderen, das bin ich.

Verschwörungserzählungen und Fake News

Als Sahnehäubchen populistischer Rhetorik könnte man die Verschwörungserzählungen und Fake News bezeichnen. Je absurder, desto besser. Von geheimen Eliten, die im Hintergrund die Fäden ziehen, bis hin zu der Erzählung, der Klimawandel sei eine Erfindung, um die Steuern zu erhöhen – alles dabei. Auf einer Querdenker-Demo rief ein Redner ins Mikro: »Wacht auf! Bill Gates will euch chippen!« Die Menge jubelte.

Man könnte meinen, wir leben in einem dystopischen Thriller – oder in einer schlechten Reality-Show. Aber für viele sind diese Erzählungen absolut realistisch. Und derjenige, der widerspricht, ist natürlich Teil des Systems. Das ist mehr als praktisch: Jeder Kritiker wird zum Beweis der eigenen Erzählung.

Aktuell erleben wir eine dramatische Verschiebung der politischen Landschaft. In Deutschland ist die AfD bei der Bundestagswahl 2025 zweitstärkste Kraft geworden, zuvor hat sie bei mehreren Landtagswahlen Rekordergebnisse erzielt, in Thüringen hat sie gar am meisten Prozentpunkte erreicht (ohne regieren zu können). In den USA kehrte Donald Trump ins Weiße Haus zurück und ist aktuell dabei, die amerikanische Demokratie an den Rand des Zusammenbruchs zu bringen. Rechte und populistische Bewegungen erstarken überall, weil sie die Ängste der Menschen in den letzten Jahren in politische Macht umwandeln konnten. Die Frage ist nicht mehr, ob die Demokratie bedroht ist – sondern, wie lange sie diesem Druck noch standhält.

Das Entscheidende an dieser Entwicklung ist: Sowohl Trump wie auch die AfD und andere populistische Bewegungen werden getragen von einer Welle an Falschinformationen. Seit 2020 haben Verschwörungserzählungen die Demokratie zunehmend ausgehöhlt, und die Pandemie hat dafür im Grunde wie ein Katalysator funktioniert: Mythen über eine »Plandemie«, über Impfungen als Mittel der Unterdrückung oder über eine geheime Weltregierung fanden Millionen Anhänger und wurden zum Nährboden für die Populisten, die sich als »Stimme des Volkes« inszenieren.

Man könnte meinen, es sei harmlos, wenn Menschen alternative Erklärungen suchen. Aber Harmlosigkeit endet da, wo Menschen anfangen, ihre eigenen Realitäten zu basteln. Wenn Wahlen nicht mehr als demokratische Prozesse, sondern als »inszenierte Farce« wahrgenommen werden, wenn Gerichte als »Werkzeuge der Elite« gelten und Medien als »Propagandamaschinen« diffamiert werden, dann kippt die Debatte.

Es beginnt schleichend. Ein harmloses Video hier, ein geteiltes Meme da. »Nur mal so zum Nachdenken«, steht in den Kommentaren. Und plötzlich glaubt der Nachbar, die Impfungen seien ein Mittel zur Bevölkerungsreduzierung, der Kollege murmelt von einer geheimen Weltregierung, und die Tante auf der Familienfeier erklärt, der Klimawandel sei eine Erfindung, um »uns allen das Auto wegzunehmen«. Was vor wenigen Jahren noch belächelt wurde, ist heute bitterer Alltag: Verschwörungserzählungen haben sich in die gesellschaftliche Mitte gefressen.

Studien des Deutschen Instituts für Wirtschaftsforschung zeigen, dass inzwischen fast jeder dritte Deutsche an mindestens eine Verschwörungserzählung glaubt. Das Ganze ist also kein Randphänomen mehr. Es ist ein Gift, das sich durch alle Schichten zieht. Und mit jedem weiteren Klick, jedem geteilten

Post verbreitet sich das Gift schneller. Was früher in dunklen Ecken von Internetforen brodelte, ist heute auf den Straßen, in Schulen, Büros, Wohnzimmern angekommen. Die Folgen sind längst spürbar: Bürger misstrauen nicht nur Politikern – sie misstrauen ihren Nachbarn, Ärzten, sie misstrauen Lehrern und Journalisten. Das gesellschaftliche Band reißt an immer mehr Stellen.

Verschwörungserzählungen zerstören Gemeinschaften und gefährden damit die Demokratie. »Demokratien sterben nicht immer durch Panzer«, sagt der Historiker Timothy Snyder. »Sie sterben an Lügen.« Nicht selten geht ein Riss durch Familien, aber auch durch Freundschaftskreise. Ein Viertel der Deutschen hat laut einer Umfrage des Meinungsforschungsinstituts Forsa bereits Kontakt zu Verschwörungsgläubigen im engeren Umfeld verloren. »Ich erkenne meinen Bruder nicht wieder«, erzählt eine Frau. »Früher haben wir uns gestritten, ob Schalke oder Dortmund besser ist. Heute sagt er, Bill Gates kontrolliere uns.« Wenn Gespräche abbrechen, weil die Realität nicht mehr geteilt wird, stirbt mehr als nur eine Beziehung – es stirbt der gesellschaftliche Kleber.

Der Sturm auf das Kapitol 2021 zeigte, was passiert, wenn Verschwörungsglaube auf politische Mobilisierung trifft. Hunderttausende glaubten an Wahlbetrug, angeheizt durch gezielte Desinformation. Die Demokratie wankte. Wer denkt, das könne hier nicht passieren, irrt. Auch in Deutschland separieren sich größere Gruppen mittels Verschwörungsglauben: Corona-Leugner, Reichsbürger – die Verständigung über ein gemeinsames Wertesystem, über das Zusammenleben in unserer Gesellschaft ist da schwierig bis unmöglich. Wer überzeugt ist, alle anderen seien Teil der Verschwörung, blockt Argumente ab. Fakten? »Gesteuert.« Beweise? »Gefälscht.« Diskussion? Zwecklos.

Die Demokratie lebt von Streit – aber von Streit auf gemeinsamer Faktenbasis. Wenn sich aber jede Seite ihre eigene Wahrheit baut, ist Streit sinnlos. Dann diskutiert man nicht mehr über Lösungen, sondern über die Realität selbst. »Wenn jeder seine eigene Wahrheit hat, gibt es keine gemeinsame Wirklichkeit mehr«, sagt der Politologe Yasha Mounk. Das Ergebnis? Handlungsunfähigkeit. Wie soll eine Gesellschaft Kompromisse finden, wenn sie nicht einmal mehr darin übereinstimmt, was real ist?

Warum verfallen wir populistischer Rhetorik?

Populistische Rhetorik ist ein Baukastensystem. Ein wenig Wut und Empörung, ein Schuss Patriotismus, ordentlich Verschwörung und viel Vereinfachung. Das Resultat? Eine Sprache, die Köpfe verdreht und Herzen erhitzt. Nicht, weil sie wahr ist. Sondern weil sie sich verdammt gut anfühlt. So einfach sind die einfachen Antworten.

Populismus funktioniert aber nicht nur, weil er laut und simpel gestrickt ist, sondern weil er tief in die Psyche der Menschen eindringt. Er kratzt dort, wo es wehtut – an den Ängsten, Unsicherheiten und Sehnsüchten. Wer Populismus verstehen will, muss sich die Frage stellen: Warum sind Menschen überhaupt empfänglich für diese simplen Botschaften?

Psychologisch gesehen sprechen Populisten ein ganzes Buffet an Bedürfnissen an. Da ist zum einen das Bedürfnis nach Zugehörigkeit. Menschen wollen Teil einer Gruppe sein, die ihnen Sicherheit gibt. Wenn ein Redner brüllt: »Wir sind das Volk!«, klingt das wie eine Einladung in einen exklusiven Club. Endlich dazugehören. Endlich nicht mehr allein sein mit der eigenen

Wut. Auch Gruppen innerhalb von Social-Media-Plattformen wie *Telegram* und *Facebook* funktionieren wie »verschworene Gemeinschaften«, die Halt und Bindung bieten. Oft sehen sich die Mitglieder solcher Gruppen als Teil einer erleuchteten Minderheit. »Die Schlafschafe verstehen nichts, aber wir haben die Wahrheit erkannt«, lautet die innere Logik. Dieses Wir-Gefühl ist mächtig, aus Ohnmacht entsteht Stolz. Studien, etwa von der Sozialpsychologin Karen Stenner, zeigen: Je stärker Menschen das Gefühl haben, dass ihre Gruppe bedroht ist, desto anfälliger werden sie für autoritäre und populistische Botschaften. »Verlustangst« lautet das Zauberwort. Die Angst, etwas zu verlieren – Status, Kultur, Heimat, Besitz – lässt nüchterne Fakten verblassen.

Ein weiteres Bedürfnis ist das Verlangen nach Kontrolle. Wenn die Welt aus den Fugen gerät, wenn Nachrichten nur noch von Krisen berichten, klammern sich Menschen an einfache Lösungen. Experten wie der Politikwissenschaftler Cas Mudde warnen: »Populismus gedeiht dort, wo Komplexität Angst macht.« Weil er Kontrolle verspricht: »Wenn wir an der Macht sind, machen wir alles besser«, sagen Populisten. Wie genau? Die Lösungen sind meist so simpel, dass sie wehtun. Aber gerade deshalb funktionieren sie. Ein Beispiel: Steigende Mieten? »Wegen der Flüchtlinge.« Details stören da nur. Hauptsache, es klingt entschieden. Eine Untersuchung des Max-Planck-Instituts zeigt, dass in Krisenzeiten autoritäre Denkweisen zunehmen. Menschen wollen, dass jemand »mal auf den Tisch haut«. Populisten hauen nicht nur, sie reißen ihn gleich um.

Vorurteile sind dabei ein beliebtes und einfaches Einfallstor. Menschen denken in Schubladen. Das Gehirn liebt Muster, weil sie das Leben vereinfachen. »Alle Politiker lügen«, »Migranten sind kriminell« – solche Aussagen bedienen kognitive Abkürzungen. Wissenschaftler nennen das »Heuristiken«. Sie sparen Denkarbeit, kosten aber Differenzierung. Wenn dann noch persönliche Erfahrungen dazukommen – etwa ein überfülltes Amt oder ein streitbarer Nachbar –, wird das Vorurteil schnell zur gefühlten Wahrheit. Populisten nutzen das geschickt. Statt Fakten präsentieren sie Geschichten. Ein Beispiel aus einer Rede: »Eine alleinerziehende Mutter in unserer Stadt bekommt keine Wohnung, weil Flüchtlinge bevorzugt werden!« Beweise? Unwichtig. Die Geschichte ist eingängig, emotional – und sie bedient unser Bedürfnis nach Einfachheit.

Auch die Bewahrung von Traditionen und Bekanntem spielt hier mit rein. »Früher war alles besser!« ist kein Zufallsslogan. Es spricht die Sehnsucht nach Stabilität an. Studien zeigen, dass Menschen in unsicheren Zeiten nostalgischer werden. Populisten reiten diese Welle. Sie malen das Bild von einem »Früher«, in dem die Welt angeblich in Ordnung war – eine Welt ohne Komplexität, ohne Diversität, ohne störende Veränderungen.

Besonders gefährlich ist in diesem Zusammenhang der psychologische Effekt der kognitiven Dissonanz. Wenn Menschen einmal eine Überzeugung gefasst haben, ignorieren sie lieber widersprechende Fakten, als ihre Meinung zu ändern. Wir glauben am liebsten das, was wir sowieso schon denken. In der Medienpsychologie nennt man das »confirmation bias« (Bestätigungsfehler): Menschen neigen dazu, Informationen eher zu glauben, zu teilen oder zu liken, wenn sie mit ihrer bestehenden Meinung oder Haltung übereinstimmen. Der Werder-Fan Michel likt schneller einen Post, in dem der HSV als überbewertet dargestellt wird, als einen, der das Spiel der Lieblingsmannschaft infrage stellt. Nicht weil es stimmt, sondern weil es passt. Ist mir selbst schon oft genug passiert. Passiert uns allen. Besonders anfällig jedoch sind Menschen, die sich stark über Gruppenzugehörigkeit definieren oder unsicher sind in ihrer Haltung. Für sie ist Zustimmung wie ein Sicherheitsgurt: Sie schützt das Weltbild. Und manchmal will man gar nicht wissen, ob es wirklich stimmt – Hauptsache, es fühlt sich richtig an.

Die Verschwörungserzählung wird dann rasch zum Teil der eigenen Identität. Die Erzählung als solche kann sich dabei zwar wandeln, aber die Muster bleiben immer dieselben: Misstrauen gegen Institutionen, Ablehnung von Komplexität, das Gefühl, betrogen zu werden und nicht teilhaben zu dürfen. Wer glaubt, die Medien lügen, wird Beweise für ihre Integrität als Teil der Lüge abtun. Das erklärt, warum Populisten ihre Anhänger selbst dann nicht verlieren, wenn ihre Vorhersagen nicht eintreffen. Ein Politiker verspricht: »Nach meiner Wahl wird alles besser!« Es wird nicht besser? »Das System hat mich behindert!« Die Anhänger nicken: »War ja klar.«

Populistischen Botschaften zu glauben, heißt nicht, ungebildet oder hasserfüllt zu sein. Auch Hochgebildete können Verschwörungserzählungen anhängen. »Intelligenz schützt nicht vor Irrationalität«, sagt der Psychologe Roland Imhoff. Aber viele Menschen fühlen sich schlichtweg übersehen. Politische Entfremdung ist ein gewaltiger Treiber. Wenn Menschen sich von der Politik nicht ernst genommen fühlen, suchen sie womöglich nach Alternativen. Populisten bieten nicht nur einfache Antworten, sondern auch ein Ventil.

Die Rolle der Medien

Wenn Populismus das Feuer ist, dann sind die Medien oft – ob gewollt oder nicht – das Benzin. In einer Welt, in der Klickzahlen und Einschaltquoten über Relevanz und Fortbestehen entscheiden, geraten auch seriöse Redaktionen in die Versuchung, Ereignisse zu skandalisieren, Empörung lauter zu transportieren und Provokationen in die Primetime zu hieven. Die Logik ist so einfach wie fatal: Was Aufmerksamkeit generiert, wird verbreitet. Und was sich gut verbreitet, wird wiederholt.

Populisten wissen das. Ihre Rhetorik ist nicht nur für die Bühne gemacht, sondern für die Headline, den Tweet, den viralen Clip. Wenn ein AfD-Politiker ruft: »Wir werden sie jagen!«, weiß er ganz genau, dass dieser Satz am nächsten Tag auf jedem Nachrichtenportal prangen wird. Empörung ist das Marketinginstrument des Populismus – und die Medien sind die Werbepartner, unfreiwillig oder nicht.

Schauen wir auf die klassische Medienlandschaft. Talkshows, Nachrichtensendungen, Zeitungen – sie alle stehen vor einem Dilemma: Ignorieren sie populistische Aussagen, wird ihnen Zensur oder Einseitigkeit vorgeworfen. Berichten sie darüber, verstärken sie die Botschaften. Besonders in Talkshows wird dieses Spannungsfeld deutlich. Ein AfD-Politiker sitzt zwischen zwei empörten Gegenspielern, wirft Provokationen in die Runde, während der Moderator sich in der Rolle des Vermittlers gefällt, sich nicht selten sogar darauf zurückzieht. Die Folge? Ein Streit, der sich hervorragend auf zwei Minuten zusammenkürzen lässt – perfekt für die sozialen Netzwerke. Zuschauer klicken, kommentieren, teilen. Was bleibt, ist selten der differenzierte Gedanke, sondern der einprägsame Auswurf: »Wir werden von Idioten regiert!« Oder: »Diese links-grüne

Meinungskultur erstickt uns!« Niemand erinnert sich an die sachlich vorgetragenen Gegenargumente – aber alle an die Phrase. Sie bleibt als Skandal im Gedächtnis haften und normalisiert sich auf diese Weise, während der Populist sich in seiner Relevanz bestätigt fühlt.

Der Diskurs wird auf diese Weise arg verzerrt. Während die einen über Inhalte reden wollen, liefern die anderen provokante Schlagzeilen, die den Medienhäusern die Klicks bescheren. Das Ganze folgt den Regeln der Aufmerksamkeitsökonomie. Ein investigativer Artikel über Steuerpolitik? Interessiert wenige. Der empörende Kommentar eines Populisten? Den klickt jeder an, hin- und hergerissen zwischen Wut und Faszination. Die Medienhäuser rechtfertigen das mit dem Informationsauftrag: »Wir können nicht ignorieren, was gesagt wird.« Stimmt. Aber muss man es so präsentieren, als wäre es das Wichtigste auf der Welt? Eine Untersuchung des European Journalism Observatory zeigt, dass Populisten in den Medien überrepräsentiert sind. Nicht, weil sie mehr leisten, sondern weil sie lauter sind. Das erklärt, warum Sätze wie »Deutschland wird von Migranten überflutet« es auf die Titelseite schaffen, während differenzierte Statistiken auf Seite zwölf landen.

Social Media als Katalysator

Die Boulevardmedien bedienen diese Mechanismen in Perfektion, ihre Schlagzeilen – etwa »Flüchtling bekommt Sozialhilfe – Deutsche Rentner hungern!« – sind Balsam für die populistischen Erzählungen. Noch drastischer funktioniert der Effekt nur in den sozialen Medien. *Twitter, Facebook, Telegram* – Plattformen, auf denen Aufregung Währung ist. Ein Post mit dem Inhalt »Alles wird teurer, danke, Merkel!« bekommt mehr Likes als eine nüchterne Erklärung der wirtschaftlichen Zusammenhänge.

Früher tauschte man Verschwörungserzählungen am Stammtisch oder in verrauchten Hinterzimmern aus. Heute reichen ein Smartphone und ein Internetzugang, um Millionen Menschen zu erreichen – oft innerhalb von Sekunden. Willkommen an einem Ort, an dem Fakten gegen Gefühle verlieren, Empörung zur Währung wird und jede noch so absurde Theorie ein Publikum findet.

Wie konnte es so weit kommen? Warum blühen Verschwörungserzählungen gerade dort, wo Menschen eigentlich miteinander verbunden sein sollten? Und wie ist es möglich, dass ein *YouTube*-Video mit einer düsteren Verschwörungsgeschichte mehr Klicks bekommt als die Nachrichten der *Tagesschau*?

Um das zu verstehen, muss man sich die Architektur sozialer Medien anschauen. Die großen Plattformen sind nicht einfach neutrale Kanäle – sie sind Maschinen, die darauf programmiert sind, Aufmerksamkeit zu maximieren. Ihre Algorithmen sind so konstruiert, dass Inhalte belohnt werden, die Emotionen hervorrufen. Und was ruft mehr Emotionen hervor als Angst, Wut oder Empörung? Ein nüchternes Interview mit einem Experten über Klimawandel? Langweilig. Ein Video, das behauptet, der Klimawandel sei eine Erfindung globaler Eliten, um die Menschheit zu versklaven? Klickt jeder an – wenn auch nur aus Neugier. Der Algorithmus lernt: Das funktioniert. Also zeigt er mehr davon.

Diese Mechanismen sind keine Nebeneffekte. Sie sind das Geschäftsmodell. Mehr Interaktion bedeutet mehr Verweildauer, mehr Werbeeinnahmen. Dabei spielt es keine Rolle, ob die Inhalte wahr sind. Hauptsache, sie bewegen. Der Medienwissenschaftler Rasmus Kleis Nielsen bezeichnet das als »Empörungsökonomie« – eine treffende Beschreibung. Wer sich einmal durch die Kommentarspalten auf *Facebook* scrollt, erkennt schnell: Hier geht es nicht um Diskussion, hier geht es um Reaktion. Ein Like hier, ein wütendes Emoji dort – und der Algorithmus dreht die Spirale weiter.

Besonders perfide ist, dass die großen Plattformen wie Echokammern funktionieren, in denen sich Verschwörungsgläubige gegenseitig bestätigen und die Theorien immer weiterwabern. Die Sozialpsychologin Pia Lamberty warnt: »Wer einmal in diesen Blasen ist, bekommt kaum noch Gegendarstellungen zu Gesicht.« Vielmehr: Wer einmal einen verschwörungstheoretischen Beitrag anklickt, bekommt weitere ähnliche Inhalte angezeigt. Das verstärkt die eigene Weltsicht, schottet ab, lässt alternative Perspektiven verschwinden.

Wie ich es oben mit Werder und dem HSV beschrieben habe: Wir suchen Informationen, die unsere Überzeugungen stützen, und ignorieren den Rest. Auf Plattformen wie *Telegram*, die wenig bis gar nicht reguliert sind, entstehen so regelrechte Paralleluniversen. Dort ist Corona nicht nur ein Virus, sondern eine Biowaffe. Der Ukraine-Krieg? Inszeniert von der NATO. Zwischen diesen Fronten kämpfen Journalisten, Wissenschaftler und Faktenchecker um die Wahrheit – ein Kampf, der immer öfter verloren geht.

Ein erschreckendes Beispiel ist die QAnon-Bewegung. Ursprünglich aus den USA stammend, verbreitet sie sich über die sozialen Medien weltweit – auch in Deutschland. Die grundsätzliche Erzählung: Eine dunkle geheime Elite bringe mittels eines »Deep State« die Staatsregierungen unter ihre Kontrolle. Diese geheime Elite besteht wahlweise aus Hillary Clinton, George Soros, Barack Obama und anderen ehemaligen US-Präsidenten, während Donald Trump im Hintergrund gegen sie kämpft. Nicht selten haben die QAnon-Aussagen versteckte antisemitische Konnotationen oder werden durch den Mythos von »missbrauchten und/oder unter der Erde gefangen gehaltenen Kindern« angereichert; der Sänger Xavier Naidoo und der Kochbuchautor Attila Hildmann beispielsweise verbreiteten diese Erzählung.

Absurd? Ja. Aber Millionen Menschen glauben daran. *YouTube*-Videos mit QAnon-Inhalten erreichten zeitweise Millionen Aufrufe, bevor Plattformen begannen, sie zu löschen. Doch auf *Telegram* lebt die Bewegung weiter, mit immer neuen Erzählungen angepasst. Auch die Erzählung vom »Großen Austausch« funktioniert so, zahllose *TikTok*-Clips mit dramatischer Musik und bearbeiteten Reden von Politikern suggerieren dunkle Machenschaften. Das Problem? Diese Videos sind oft besser gemacht, emotionaler und eingängiger als nüchterne Erklärungen. Fakten? Zu kompliziert. Ein dramatisches Video mit flackernden Bildern? Bleibt hängen. Ein Aktivist sagte einmal: »Wir brauchen keine Mehrheit, nur die größte Lautstärke.« In Zeiten von Social Media reicht ein Video, das viral geht, um eine Woche lang die Nachrichtenseiten zu dominieren.

Ein Grund, warum Populismus und Verschwörungserzählungen auf Social Media so gut funktionieren, ist zudem die Geschwindigkeit. Informationen verbreiten sich dort schneller als an anderen Orten. Ein Gerücht kann binnen Minuten um die ganze Welt gehen und massenhaft Zuspruch erlangen. Berichtigungen? Kommen verspätet, wenn überhaupt. Eine Studie der University of Oxford zeigte: Falschinformationen verbreiten sich sechsmal schneller als geprüfte Fakten.

Ein entscheidendes Problem ist auch, dass es nicht nur Einzelpersonen sind, die im Netz Verschwörungserzählungen verbreiten. Es gibt Netzwerke, die gezielt Desinformation streuen. Russland betreibt laut EU-DisinfoLab massive Desinformationskampagnen in Europa, um Gesellschaften zu spalten und Demokratien zu schwächen. Rechte Parteien profitieren davon massiv. Auch alternative Medienportale wie Compact oder RT DE verbreiten gezielt Narrative, die Misstrauen säen.

Wie können wir Populismus bekämpfen?

Es ist leicht, sich von der Wucht populistischer Rhetorik, von Verschwörungserzählungen und dem wachsenden Misstrauen überwältigen zu lassen. Die Nachrichten sind voll von Angriffen auf Journalisten, Hasskampagnen gegen Wissenschaftler und Parlamentsstürmen von Menschen, die sich für »das Volk« halten, während sie demokratische Strukturen demontieren. Wir haben gesehen, wie Verschwörungen und Populismus Familien spalten, Gesellschaften polarisieren und Demokratien ins Wanken bringen. Die entscheidende Frage lautet nun: Was tun? Wie finden wir einen Ausweg aus dieser Krise? Wie holen wir Menschen zurück in die Realität? Wie wechseln stummer Widerstand und lauter Hass die Rollen?

Es gibt keine einfache Antwort auf diese Fragen. Aber es gibt Wege. Und sie beginnen damit, die Ursachen des Misstrauens ernst zu nehmen, ohne Verschwörungserzählungen nachzugeben. Menschen, die in Verschwörungsideologien abdriften, wollen oft vor allem eines: gehört werden. Ein Gespräch, das nicht sofort mit »Das ist Quatsch« beginnt, kann Brücken bauen. Das heißt nicht, Lügen zu akzeptieren. Aber ein »Warum glaubst du das?« öffnet mehr Türen als Spott. In Thüringen besuchen Freiwillige Menschen, die in Verschwörungskreise abdriften. Der regionale Faktor ist ein oft unterschätzter Hebel. Kommunalpolitiker, die sichtbar sind, Bürgerdialoge führen und erklären, warum Entscheidungen getroffen werden, können Populisten Wind aus den Segeln nehmen. Initiativen wie »Demokratie leben!« zeigen, wie gezielte Projekte vor Ort das Vertrauen in Institutionen stärken.

Wenn Menschen das Gefühl haben, gehört zu werden, sinkt die Versuchung, »denen da oben« eins auszuwischen. In Regionen mit aktiver Zivilgesellschaft sind die Wahlergebnisse rechtsextremer Parteien nachweislich niedriger. Erfolg ist nicht garantiert, aber jede wiedergefundene Gesprächsbasis ist ein Sieg. Auch wenn es schwerfällt: Nicht jeder ist verloren. Aber je länger man wartet, desto tiefer ziehen sich Menschen in ihre Blasen zurück.

Vertrauen ist das Fundament jeder Gesellschaft. Doch Vertrauen kann man nicht verordnen, es muss verdient werden. Politiker, die abwiegeln, Medien, die Skandale aufblasen, und Wissenschaftler, die ihre Kommunikation auf Fachjargon beschränken, helfen nicht. Menschen wollen Transparenz und eine klare Sprache. Kein »Alles unter Kontrolle« – sondern ehrliche Antworten.

Ehrlichkeit, auch wenn die Wahrheit unbequem ist, zahlt sich langfristig aus. »Wir wissen es nicht, aber wir arbeiten daran« klingt schwach, ist aber oft glaubwürdiger als auswendig gelernte Pressemitteilungen. Eine Kultur, in der Politiker auch mal sagen dürfen: »Da haben wir uns geirrt«, ohne sofort medial gekreuzigt zu werden, würde die Debatte entspannen. Perfektion ist kein realistisches Ziel – Ehrlichkeit schon. Wer Fehler zugibt, stärkt Vertrauen. Wer sich hinter Phrasen versteckt, facht Misstrauen an. Ich erinnere mich an ein Interview mit der SPD nach der Landtagswahl in Sachsen 2024, wo die

AfD fast stärkste Kraft geworden ist. »Also, an uns kann es nicht liegen, wir machen nichts falsch.« Natürlich nicht. Die neuseeländische Premierministerin Jacinda Ardern setzte während ihrer Amtszeit dagegen auf klare Kommunikation – ohne Beschönigung, aber mit Empathie: »Ich konzentriere mich stolz auf Empathie, denn man kann sowohl empathisch als auch stark sein«, ist einer ihrer Slogans. Verständliche Sprache ist keine Schwäche. Sie ist eine Waffe gegen die Vereinfachung der Populisten.

Ein weiterer Ansatzpunkt ist die Bildung. Klingt nach Sonntagsrede, ist aber entscheidend. In Finnland, das als Vorreiter in diesem Bereich gilt, gibt es landesweite Programme zur Stärkung der digitalen Mündigkeit. Der Effekt: Populistische Parteien tun sich dort schwerer, mit plumpen Falschinformationen zu punkten. Wogegen in Deutschland Medienbildung oft als »Nice-to-have« behandelt wird. Dabei ist sie ein Muss. Wer nicht lernt, zwischen Meinung und Tatsache zu unterscheiden, fällt auf den Erstbesten mit einem lauten Megafon rein.

Medienkompetenz muss Teil des Lehrplans sein – von der Grundschule bis zum Abschluss. Projekte wie Lie Detectors setzen da an. Die Verantwortlichen gehen in Schulen und zeigen Kindern, wie Fake News entstehen und warum es wichtig ist, Quellen zu prüfen. »Seitdem glaubt meine Klasse nicht mehr alles, was bei *WhatsApp* kommt«, sagt eine Berliner Lehrerin. Ein zentraler Punkt ist auch das Überprüfen von Quellen. »Wir zeigen, wie einfach es ist, ein Foto zu manipulieren«, sagt eine andere Lehrerin. »Wenn die Jugendlichen das selbst ausprobieren, verstehen sie, wie vorsichtig man sein muss.«

Solche Ansätze sind wichtig – aber ein Tropfen auf den heißen Stein. Erwachsene, die fest in ihren Überzeugungen stecken, sind schwerer zu erreichen.

Letztlich stehen vor allem die Plattformen in der Verantwortung, sagen Experten. Sie haben die Macht, ihre Mechanismen – die, wie wir gesehen haben, Populismus befördern – zu ändern. Und zwischenzeitlich gab es durchaus Erfolge: *YouTube* etwa hat angefangen, Warnhinweise unter problematische Videos zu setzen. *Jigsaw* (Google) arbeitet an Technologien, die toxische Debatten eindämmen. Generell könnten Algorithmen angepasst werden, um Desinformation einzudämmen. Die aktuellen Entwicklungen zeigen jedoch eher in eine besorgniserregende Richtung.

Während *Facebook* in der EU – noch – versucht, problematische Inhalte zu moderieren, zeigen die jüngsten Entscheidungen des Zuckerberg-Konzerns Meta, wie Hassrede-Regeln, Minderheitenschutz und die Errungenschaften der Diversitätsbewegungen in den USA aufgeweicht werden. Indem Meta das Verbot aufhebt, Frauen als Eigentum zu bezeichnen, und gleichzeitig diskriminierende Äußerungen gegenüber marginalisierten Gruppen wie Homosexuellen und Transsexuellen zulässt, werden fundamentale Prinzipien der Menschenwürde und Gleichberechtigung untergraben.

Diese Entscheidungen markieren nicht nur einen gravierenden Wendepunkt in der digitalen Diskurslandschaft, sie haben auch weitreichende Konsequenzen für den gesellschaftlichen Zusammenhalt: Diskriminierende Sprache wird normalisiert, der öffentliche Diskurs verroht. Des Weiteren droht die digitale Sphäre, die eigentlich ein Raum für Austausch und Vernetzung sein sollte, zu einem Tummelplatz für Hass und Hetze zu werden. Die Gefahr liegt nicht nur in der Zunahme verbaler Angriffe. Studien haben gezeigt, dass Hassrede im Netz reale Gewalt nach sich ziehen kann. Die Entmenschlichung von Gruppen bereitet den Boden für Diskriminierung und

Extremismus. Zudem untergräbt die Verbreitung von Falschinformationen und Verschwörungserzählungen das Vertrauen in demokratische Institutionen.

Meta-Chef Mark Zuckerberg begründet die Aufweichung der Regeln mit dem Wunsch nach mehr Meinungsfreiheit. Allerdings scheint der Zeitpunkt der Entscheidung kein Zufall zu sein. Trump bestimmt, was Sache ist, und so steht bei Meta politische Opportunität über ethischer Verantwortung. Im Gegensatz zu den USA setzt die EU mit dem Digital Services Act (DSA) klare Grenzen für Online-Plattformen. Das Gesetz verpflichtet Unternehmen wie Meta dazu, gegen Hassrede und Desinformation vorzugehen. Zuckerberg kritisiert dies als »institutionalisierte Zensur«, die EU verteidigt das Gesetz jedoch als notwendigen Schutz der Grundrechte.

Das Gesetz ist ein wichtiger Schritt, um die digitale Öffentlichkeit vor den negativen Auswirkungen sozialer Medien zu schützen. Allerdings ist auch die EU nicht immun gegen die Herausforderungen der digitalen Welt, siehe *Telegram*. Die Plattform bietet einen Rückzugsraum für Verschwörungsideologen. Gruppen mit Zehntausenden Mitgliedern verbreiten dort ungefiltert Desinformation. Die Betreiber? Berufen sich auf Meinungsfreiheit. Das Resultat? Ein digitaler »Wilder Westen«, in dem alles erlaubt ist. Die Durchsetzung des DSA und die Anpassung an neue Entwicklungen bleiben daher zentrale Aufgaben.

Generell ist der Kampf für eine digitale Öffentlichkeit, die von Respekt und Toleranz geprägt ist, von entscheidender Bedeutung. Es geht um den Schutz der Menschenwürde, die Verteidigung demokratischer Werte und die Sicherung des gesellschaftlichen Zusammenhalts. Jeder Einzelne kann einen Beitrag leisten, indem er Hassrede widerspricht, sich für Medienkompetenz einsetzt und politische Entscheidungsträger zur Verantwortung zieht. Jeder Einzelne kann etwas tun. Nein – jeder Einzelne *muss* etwas tun. Geht auf eine Demo und stärkt euer Umfeld. Fragt nach. Nervt. Haltet politische Entscheidungsträger zur Verantwortung an. Das ist keine Floskel. Das ist das Fundament.

Vielleicht habt ihr das alles schon mal gehört – klingt wie ein auswendig gelerntes Gedicht, oder? Und genau da liegt das Problem: Ihr kennt die Worte, aber ihr spürt nicht mehr den Schmerz dahinter. Den Ernst. Die Dringlichkeit. Ich setze der ständigen Wiederholung von Lügen seitens der Populisten die ständige Wiederholung solcher Appelle entgegen. Die ständige Wiederholung von belegten, nachprüfbaren, unbequemen Wahrheiten. Und ich sage euch was: Ich bin oft an Schulen. Ich spreche mit Jugendlichen. Es wirkt. Und zwar so richtig. Die Jugend ist politisch wie nie.

Neben den Social-Media-Plattformen stehen auch die herkömmlichen Medien in der Verantwortung, sie müssen sich fragen, wie sie berichten. Schlagzeilen wie »Deutschland im Untergang« mögen Klicks bringen, zerstören aber Vertrauen. Differenzierte Berichterstattung ist anstrengender, erreicht aber Menschen, die sich sonst abwenden. Medienhäuser sollten Faktenchecks nicht im Kleingedruckten verstecken, sondern prominent platzieren.

Ein zentraler Ansatz in dabei die Kontextualisierung von Berichten, wenn es um Tatverdächtige mit Migrationsgeschichte geht: Medien sollten nicht reflexartig deren Herkunft nennen, sondern den sozialen Hintergrund, die Tatmotive und die individuellen Umstände beleuchten. Der Fokus auf die Herkunft ersetzt oft die Analyse tieferliegender Ursachen wie Armut, Bildungsdefizite oder soziale Ausgrenzung. Wenn Migranten pauschal mit Gewalt in Verbindung gebracht werden, verfestigen sich Stereotype, die im Alltag zu Diskriminierung und Ausgrenzung führen. Verantwortungsbewusster Journalismus darf nicht dazu beitragen, rassistische Vorurteile zu reproduzieren. Es geht nicht darum, Fakten zu verschweigen, sondern sie in den richtigen Kontext zu setzen. Nur so lässt sich verhindern, dass die Berichterstattung zur Verstärkung von gesellschaftlichen Gräben beiträgt. Medien tragen Verantwortung – für Worte und Bilder und die Wirkung, die sie hinterlassen. Wer dieser Verantwortung nicht nachkommt, wird zum Teil des Problems.

Einheitliche Redaktionsrichtlinien könnten helfen, willkürliche Nennungen zu vermeiden und Berichterstattung an journalistischen Standards auszurichten. Ein Vorbild ist das skandinavische »No Bias Reporting Model«, das die Nennung der Herkunft strikt an die Relevanz für das Tatgeschehen knüpft. In Schweden führte diese Praxis nachweislich zu einer differenzierteren öffentlichen Debatte.

Eindrücklich ist auch die Strategie, die in Belgien und Luxemburg verfolgt wird und die in Deutschland bis dato undenkbar erscheint: Die Medien pflegen hier eine konsequente Zurückhaltung gegenüber rechtspopulistischen und rechtsextremen Parteien. Der Artikel »Rechts liegen lassen« auf *goodimpact.eu* beschreibt diesen Ansatz greifbar. In der belgischen Region Wallonien wurde bereits in den Neunzigerjahren ein »cordon sanitaire médiatique« beschlossen: Menschen, die rassistischen oder demokratiefeindlichen Gruppen angehören, bekommen keine Plattform. Interviews mit solchen Akteuren werden nicht live übertragen, sondern allenfalls zusammengefasst und kontextualisiert. Auch Luxemburg folgt einem informellen Konsens, der populistischen Stimmen kaum Raum gibt.

Die Folge? Rechtspopulisten haben in den beiden Ländern nie wirklich Fuß gefasst. Die Politologin Léonie de Jonge erklärt denn auch in ihrer Studie »The Curious Case of Belgium: Why is There no Right-Wing Populism in Wallonia?« aus dem Jahr 2021, dass nicht Wohlstand oder Bildung der Grund für die Zurückhaltung rechtsextremer Parteien in Wallonien und Luxemburg seien, sondern der mediale Umgang mit ihnen. Medien, die sich als »Watchdogs« der Demokratie verstehen, entscheiden dort bewusst, extremistischen Positionen keine Bühne zu bieten.

In Deutschland hingegen prangen AfD-Politiker regelmäßig auf Magazin-Covern oder sitzen in Talkshows, wo sie mit provokanten Aussagen die Debatte bestimmen. Der *stern* widmete Alice Weidel eine Titelstory, und Björn Höcke erhielt im öffentlich-rechtlichen Fernsehen Sendezeit für seine menschenverachtende Aussagen. Der Artikel von de Jonge kritisiert diese Normalisierung scharf: Empörung ist längst Teil des Mediengeschäfts geworden, Provokation wird mit Publizität belohnt. »Schock sells«, kommentiert der Politikberater Johannes Hillje treffend.

Das belgisch-luxemburgische Modell zeigt, dass Medien sehr wohl Einfluss darauf haben, wie erfolgreich Populisten sind. Während man in Deutschland oft argumentiert, dass journalistische Neutralität gebietet, allen Parteien gleich viel Raum zu geben, stellen sich die Nachbarländer auf den Standpunkt, dass Demokratie nicht wertneutral ist. Antidemokratische Stimmen müssen nicht zwangsläufig eingeladen werden, nur weil sie gewählt wurden. Diese Haltung ist radikal demokratisch – nicht im Sinne von Ausgrenzung, sondern als Schutz der Werte, auf denen das demokratische System basiert. In Deutschland ist es für einen derartigen »cordon sanitaire médiatique« womöglich zu spät, schreibt de Jonge. Aber das Beispiel Walloniens zeigt: Weniger Bühne für Extremismus kann tatsächlich einen Rechtsruck verhindern.

Womöglich ist es aber auch einfach nur so, dass in Deutschland politischer Idealismus nicht selten den Kürzeren zieht, wenn ihm ökonomische Interessen gegenüberstehen. Unternehmen verdienen an Klicks, nicht an Aufklärung. Die Frage ist deshalb schon auch: Wollen die Plattformen und Medienhäuser überhaupt etwas ändern? Und wenn nicht: Wie können wir als Gesellschaft gegensteuern? Die Wahrheit hat es schwer. Sie »ist langsam, aber sie gibt nicht auf«, sagt *Correctiv*-Chefredakteur Oliver Schröm. Und sie verdient es, gehört zu werden.

Einige Redaktionen setzen auf Prävention: Statt Gerüchte zu widerlegen, erklären sie, wie Desinformation funktioniert. Die *Tagesschau* startete 2023 eine Reihe unter dem Titel »Faktenfinder«, die erfolgreich erklärt, wie Bilder gefälscht oder Videos manipuliert werden. Andere Projekte, wie Mimikama, versuchen Desinformation zu entlarven. In Berlin gibt es Kurse für Senioren, die zeigen, wie *WhatsApp*-Falschmeldungen erkannt werden können. Solche Initiativen wirken, wenn sie niedrigschwellig und praxisnah sind. Ein Video, das zeigt, wie einfach ein Foto gefälscht werden kann, prägt sich besser ein als jede Mahnung mit erhobenem Zeigefinger. Aber reicht das? Wohl kaum.

Auch Faktenchecks sollen Abhilfe schaffen. Plattformen wie *Correctiv* durchforsten das Netz, widerlegen Falschmeldungen, klären auf. Doch wie erfolgreich sind sie wirklich? Nehmen wir ein Beispiel aus der Corona-Pandemie: Ein Video behauptete, Masken würden Sauerstoffmangel verursachen. Millionen sahen es, teilten es, glaubten es. *Correctiv* widerlegte die Behauptung schnell und belegte, dass medizinisches Personal seit Jahren problemlos Masken trägt. Das Ergebnis? Der Faktencheck erreichte nur einen Bruchteil der ursprünglichen Zuschauer. Die behauptete Meldung hingegen war längst weitergezogen.

Schnelligkeit ist das Problem: Eine Falschmeldung verbreitet sich, bevor die Wahrheit ihre Schuhe angezogen hat. Und solange ein *TikTok*-Clip mit Verschwörungserzählungen Millionen Jugendliche erreicht, während ein Faktencheck bei fünfhundert Aufrufen verhungert, bleibt die Herausforderung groß.

Ein anderes Beispiel: Während der Bundestagswahl 2021 kursierte auf *Telegram* das Gerücht, Stimmzettel würden manipuliert. Ein Bild zeigte angeblich gefälschte Wahlunterlagen. Faktenchecker stellten fest: Das Foto stammte von einer Wahl aus dem Jahr 2013 und war zudem aus dem Kontext gerissen. Doch auch hier: Wer den Schwindel glauben wollte, tat es trotzdem. »Die stecken doch alle unter einer Decke«, lautete die Standardreaktion. Fakten prallen an gefühlten Wahrheiten ab wie Regen an einem frisch gewachsten Auto.

Warum aber sind Fakten so schwer zu vermitteln? Weil sie oft langweilig sind. Zahlenkolonnen, Tabellen, nüchterne Erklärungen – das holt niemanden ab, der sich in seiner Empörung wohlfühlt. Emotion schlägt Information. Ein wütender Post mit Ausrufezeichen, Großbuchstaben und einem Schuss Verschwörung wird eher geteilt als eine sachliche Analyse. »Es geht nicht darum, was wahr ist, sondern was sich gut anfühlt«, sagt die Medienforscherin Judith Möller. Ein beunruhigender Befund. Selbst wenn Plattformen gegensteuern, bleibt die Dynamik: Lügen gehen viral, Wahrheiten sind mühsam. Dazu kommt: Wer schon tief in einer Verschwörungsideologie steckt, sieht Faktenchecks als Teil der Verschwörung. »Die wollen uns ruhigstellen«, heißt es dann. Ein Teufelskreis.

Kommunikationsexperten raten, Emotionen mit Emotionen

zu begegnen. Statt nur Zahlen zu liefern, sollen Fakten in Geschichten verpackt werden. Menschen hören Menschen zu, nicht Statistiken. *Correctiv* und Mimikama arbeiten nicht nur mit Faktenchecks, sondern erzählen Geschichten von Menschen, die durch Fake News in die Irre geführt wurden. Das Ziel: emotionale Verbindung schaffen, ohne in die populistische Falle zu tappen. Eine Untersuchung des European Journalism Centre ergab, dass Inhalte, die Empathie und Fakten kombinieren, dreimal häufiger geglaubt werden als reine Datenwüsten. Persönliche Ansprache erreicht mehr als trockene Fakten. Doch diese Art der Aufbereitung kostet Zeit und Ressourcen – und die Aufmerksamkeitsspannen schwinden.

Ein weiteres Problem: Der Begriff »Fakten« selbst ist in Verruf geraten. Populisten haben erfolgreich die Vorstellung etabliert, dass alle Informationen manipuliert sind. »Wer bezahlt euch?«, ist eine Standardfrage an Journalisten. Fakten werden als Meinung abgetan, Wissenschaft als Ideologie. Dabei lebt eine Demokratie von gemeinsamen Realitäten. Ohne Konsens über grundlegende Tatsachen zerfällt der Diskurs. Was bleibt, ist ein Nebel aus Meinungen, in dem jeder glaubt, was ihm gefällt.

In einer Zeit, in der gefühlte Wahrheiten lauter sind als belegbare Fakten, wird der Kampf um die Wahrheit zur Überlebensfrage der Demokratie. Es braucht die angeführten Verbesserungen im Bildungsbereich, die Verantwortung der Medien und der Plattformen, es braucht aber auch gesellschaftliche Wachsamkeit. Es braucht den Mut, immer wieder zu sagen: »Nein, das ist nicht wahr.« Auch wenn es anstrengend ist. Vor allem dann.

Die Zivilgesellschaft ist oft die letzte Verteidigungslinie. Bürgerbewegungen wie »Aufstehen gegen Rassismus« oder »Wir sind mehr« zeigen, dass öffentlicher Protest gegen rechte Hetze

Wirkung entfalten kann. Als in Chemnitz Demonstranten mit Schildern marschierten, auf denen Verschwörungsbotschaften zu lesen waren, organisierten Bürger Gegenveranstaltungen. Aber auch »leise« Projekte sind wichtig: Dialogformate, bei denen Menschen mit unterschiedlichen Ansichten ins Gespräch kommen, helfen, Fronten aufzulösen. Das Projekt »Deutschland spricht« bringt Menschen mit konträren politischen Ansichten zusammen – mit dem Ziel, einander zuzuhören, statt sich gegenseitig anzuschreien. Klingt banal oder rührig? Mag sein. Funktioniert aber. Teilnehmer berichten regelmäßig davon, dass sie Vorurteile abgebaut haben und mit anderen Menschen mit gegenteiliger Meinung ins Gespräch, in die sachliche Diskussion gekommen sind. Generell verdienen solche Initiativen mehr Unterstützung. Sie zeigen: Veränderung kommt von unten. Menschen müssen spüren: Wer sich für Wahrheit und Zusammenhalt einsetzt, steht nicht allein.

Was aber, wenn all das nicht reicht? Dann muss die Demokratie ihre Wehrhaftigkeit zeigen. Wer zur Gewalt aufruft oder Desinformation systematisch streut, muss rechtliche Konsequenzen spüren. Freiheit endet dort, wo sie andere zerstört. Sanktionen gegen Plattformen, Strafen für Hetzer – keine einfachen Schritte, aber notwendige. Die Geschichte lehrt uns: Zu langes Zögern kostet mehr als mutiges Handeln.

Andere Länder zeigen, wie es gehen könnte: Kanada setzte auf umfassende Aufklärungskampagnen und senkte den Verschwörungsglauben nachweislich. Taiwan begegnete Desinformation mit radikaler Transparenz. Solche Modelle könnten auch hier Schule machen. Aber sie erfordern politischen Willen. Und den Mut, unbequem zu sein. Wer nur auf Stimmen schielt, verliert die Stimme der Vernunft. Also, liebe Leute, es geht, wenn man nur will.

Die Politik darf sich nicht wegducken. Gesetze gegen Desinformation sind ein Anfang. Doch ohne Vorbilder bleibt Papier wirkungslos. Politiker, die selbst Verschwörungen befeuern, schwächen die Demokratie. In einer freien Gesellschaft darf viel gesagt werden – aber nicht alles muss unwidersprochen bleiben. Wenn Hass und Lügen das Klima vergiften, braucht es klare Grenzen. Hetze ist keine Meinung.

Die Ursachen bekämpfen

Die Politik ist aber noch in einem anderen Belang gefordert. In Deutschland herrscht eine eklatante soziale Ungleichheit. Menschen mit geringem Einkommen haben nicht denselben Zugang zu Bildung, zu Informationen, nicht dieselben Möglichkeiten der Teilhabe wie diejenigen aus einkommensstärkeren Schichten. Instabilität und wirtschaftliche Krisen treffen vor allem ärmere Bevölkerungsschichten. Und das Schlimme ist: Die Schere zwischen arm und vermögend geht immer weiter auseinander, was den sozialen Aufstieg, den Wechsel in eine höhere Schicht, kaum noch ermöglicht.

Die Politik muss hier dringend gegensteuern, denn: Soziale Ungleichheit führt zu einem Gefühl der Entfremdung und des Kontrollverlusts, was das Vertrauen in die Demokratie untergräbt. Diese Gefühle tragen zur Radikalisierung und zum Aufstieg populistischer Bewegungen bei. Soziale Isolation und Vereinzelung schwächen das soziale Gefüge und erhöhen die Anfälligkeit für Verschwörungserzählungen und extremistische Ideologien. Studien des Deutschen Instituts für Wirtschaftsforschung (DIW) bestätigen das: Wer Angst hat, seinen Job zu verlieren oder seine Miete nicht mehr zahlen zu können, ist empfänglicher für einfache Erklärungen. »Es ist ein psychologischer Selbstschutz«, sagt Pia Lamberty. Wir müssen uns deshalb fragen, wie wir den sozialen Zusammenhalt in einer immer ungleicheren Gesellschaft stärken können.

Um die soziale Ungleichheit zu bekämpfen, brauchen wir eine umfassende Strategie, die auf mehreren Säulen basiert. Ein umfassendes soziales Sicherungssystem, das Arbeitslosigkeit, Krankheit und Altersarmut abdeckt, kann die soziale Ungleichheit verringern. Wir brauchen eine bedarfsgerechte Grundsicherung und ein gerechtes Rentensystem. Investitionen in Bildung, insbesondere in frühkindliche Bildung, und die Förderung von Chancengleichheit im Bildungssystem sind entscheidend. Wir brauchen auch Maßnahmen zur Förderung der sozialen Teilhabe, wie etwa barrierefreien Zugang zu öffentlichen Dienstleistungen und kulturellen Angeboten. Die Stärkung der Demokratie und der Zivilgesellschaft kann dazu beitragen, die Stimme der Benachteiligten zu stärken und die politische Teilhabe zu fördern. Wir brauchen Maßnahmen zur Förderung der politischen Bildung und der Medienkompetenz.

Die soziale Ungleichheit ist eine der größten Herausforderungen unserer Zeit. Wir müssen uns von der Vorstellung verabschieden, dass sie ein Naturgesetz ist. Sie ist das Ergebnis politischer Entscheidungen und kann durch neue Entscheidungen geändert werden. Wir brauchen eine Politik, die nicht nur die Reichen, sondern auch die Armen im Blick hat. Wir brauchen eine Wirtschaft, die nicht nur Profite, sondern auch Menschen zählt. Und wir brauchen eine Gesellschaft, die sich nicht nur »Integration«, sondern vor allem »Gerechtigkeit« auf die Fahnen schreibt.

Was passiert, wenn wir nichts tun? Wir müssen nur zurück in unsere Vergangenheit schauen. Die Weimarer Republik wurde nicht von heute auf morgen zerstört. Sie zerfiel an Misstrauen, Desinformation, an Menschen, die lieber gefühlten Wahrheiten glaubten als warnenden Stimmen. Wir wiederholen Muster, die wir eigentlich überwunden glaubten. Die Erzählung vom »Volksverräter« ist wieder salonfähig. Wissenschaftler werden bedroht, Journalisten angegriffen. Und während viele achselzuckend wegsehen, wächst das Gift weiter.

Misstrauen ist der Nährboden für Radikalisierung. Menschen, die das Gefühl haben, von »denen da oben« verraten zu werden, suchen Schuldige. Schnell sind es Migranten, Juden, »die Medien«, »die Wissenschaftler«. Die Sprache wird schärfer, die Hemmschwelle sinkt. Erst sind es hasserfüllte Kommentare im Netz. Dann Morddrohungen. Dann brennen Unterkünfte, werden Menschen angegriffen. Aus Worten werden Taten. Experten warnen seit Jahren davor, aber zugehört wird ihnen zu selten. »Es ist wie ein Haus, in dem alle Fenster offen stehen, während draußen ein Sturm tobt – und keiner macht sie zu«, sagt der Sozialpsychologe Andreas Zick.

Die Wahrheit ist unter Druck. Aber sie ist nicht tot. Bildung, Transparenz, Dialog und klare Kante gegen Lügen – das sind unsere Werkzeuge. Keine schnellen Lösungen, aber die einzigen, die wirken. Die Frage ist nicht: ob wir kämpfen. Sondern: ob wir es ernst genug meinen. Denn nichts ist gefährlicher als eine Gesellschaft, die Wahrheit und Lüge nicht mehr unterscheiden kann.

Es geht nicht darum, Populisten »auszulöschen«. Es geht darum, ihnen nicht das Steuer zu überlassen. Demokratie ist anstrengend, langsam und oft nervig. Aber sie ist – trotz aller Schwächen – das beste System, das wir haben. Und sie verdient mehr Einsatz als ein Schulterzucken. Die Wahlbeteiligung zur Bundestagswahl 2025 mit fast fünfundachtzig Prozent hat gezeigt, dass das auch fast alle verstanden haben. Auch wenn viel zu viele nicht demokratisch gewählt haben – die hohe Beteiligung macht Mut und gibt Kraft, weiterzumachen. Danke dafür!

Zugehörigkeit – und wenn sie verhandelt wird

Wenn wir über Integration sprechen, dann klingt das oft wie ein Verwaltungsakt: ein paar Kurse hier, ein bisschen Sprachförderung dort, und fertig ist der neue Deutsche. Schön wär's. Integration ist kein Schnellgericht, sondern ein aufwendiges Menü mit vielen Zutaten. Und mal ehrlich: Manchmal schmeckt es, manchmal nicht. Doch bevor wir uns in Metaphern verlieren, schauen wir uns einmal an, was Deutschland in Sachen Integration in den letzten Jahren erreicht hat – und wo es immer noch hakt. Vor allem nach den Flüchtlingsbewegungen in den Jahren 2022 und 2023, die das Land erneut vor Herausforderungen stellten.

Beginnen wir mit den Erfolgen – ja, die gibt es tatsächlich, und von denen hören wir viel zu wenig. Der Bereich Spracherwerb ist ein gutes Beispiel. Deutschland hat nach 2015 massiv in Integrationskurse investiert, und die Nachfrage blieb auch nach den Flüchtlingsbewegungen 2022/23 hoch. Statistiken des Bundesamts für Migration und Flüchtlinge (BAMF) zeigen: Rund achtzig Prozent der Teilnehmenden erreichen nach Abschluss der Kurse das angestrebte Sprachniveau B1. Ein Erfolg, könnte man sagen.

Doch Sprache ist nicht alles. Was nützt ein Zertifikat, wenn man sich bei der Jobsuche trotzdem wie ein Mensch zweiter Klasse fühlt und oft auch so behandelt wird? Auf die sprachliche Integration sollte die Integration in den Arbeitsmarkt erfolgen. Programme wie Early Intervention und IQ Netzwerk haben in den letzten Jahren geholfen, Geflüchtete und Migranten schneller in den Arbeitsmarkt zu bringen. Laut dem Institut für Arbeitsmarkt- und Berufsforschung (IAB) waren 2024 fast 60 Prozent der Geflüchteten, die 2015 nach Deutschland kamen, in Arbeit, viele davon in Branchen wie Logistik, Bau oder Pflege.

Klingt gut, aber der Teufel steckt im Detail: Diese Jobs sind oft schlecht bezahlt und körperlich hart. Von den kaum vorhandenen Aufstiegschancen ganz zu schweigen. Integration in den Arbeitsmarkt bedeutet also oft: Rein in die Niedriglohnfalle.

Ein weiteres zentrales Feld ist die Bildung – sie gilt seit jeher als der große Hoffnungsträger der Integrationspolitik. Wenn Kinder und Jugendliche mit Migrationsgeschichte eine gute und nachhaltige Bildung erfahren, dann gelingt nicht nur die Integration in Gesellschaft und Arbeitsmarkt deutlich leichter. Es wirkt auch zurück auf die Elterngeneration: Bildungserfolge der Kinder stärken das Vertrauen, geben Stolz, motivieren und führen häufig auch zu einer stärkeren gesellschaftlichen Teilhabe der ganzen Familie.

Ich weiß das aus eigener Erfahrung. Ich hatte das große Glück, Zugang zu genau diesen »Türen« zu haben – zu engagierten Lehrkräften, zu Sprachförderung, zu kultureller Teilhabe und einem Bildungssystem, das mir Perspektiven eröffnet hat. Ohne all das wäre mein Weg ein anderer gewesen. Ich bin überzeugt: Mein Bildungserfolg war der entscheidende Schlüssel zu meiner Integration – nicht nur im Sinne von Anpassung, sondern auch im Sinne von Teilhabe, Mitgestaltung und Selbstbewusstsein.

Doch genau darin liegt das Problem: Es ist oft Glückssache. Die Realität zeigt ein gemischtes Bild. Noch immer hängen Bildungswege zu stark vom Elternhaus ab. Noch immer haben viele Kinder mit Migrationsgeschichte schlechtere Startbedingungen – sei es durch sprachliche Hürden, ungleiche Förderung oder gesellschaftliche Vorurteile. Bildung darf aber kein Lotteriespiel sein. Sie muss fair, verlässlich und für alle erreichbar sein. Nur so wird sie ihrem Versprechen gerecht, wirklich Brücke und Motor der Integration zu sein. (Das wissen wir alles, tun aber nichts dafür, und mit nichts meine ich *nichts*. Geh mal heute an eine Schule irgendwo in Deutschland – wenn du da nicht zufällig Glück hast, an einem Elitegymnasium in Hamburg zu landen, wo die Eltern nicht wissen, wohin mit ihrem Geld, dann gute Nacht.)

Ja, immer mehr Kinder mit Migrationshintergrund besuchen weiterführende Schulen. Aber: Der Bildungserfolg hängt weiterhin stark vom sozialen Hintergrund ab (das gilt auch für nicht migrantische Kinder). Die PISA-Studie 2022 verdeutlicht, dass Schüler mit Zuwanderungsgeschichte im Schnitt schlechter abschneiden als ihre Mitschüler – trotz Förderprogrammen und Sprachklassen. Fehlende Unterstützung zu Hause, überlastete Lehrer, zu große Klassen. Ein Lehrer aus Berlin bringt es auf den Punkt: »Wir sollen Integration leisten, aber mit welchem Personal? Mit welchem Budget?« Und während Politik und Verwaltung Konzepte wälzen, bleiben die Kinder auf der Strecke.

Das deutsche Bildungssystem ist kein Aufzug nach oben. Es ist ein Sortierband. Und es versagt – systematisch und seit Jahrzehnten. Egal welche Partei regiert, egal wie oft von »Chancengleichheit« oder »Bildungsgerechtigkeit« die Rede ist: Die Realität sieht anders aus. In kaum einem anderen Industrieland hängt der Bildungserfolg derart stark vom Elternhaus ab wie in Deutschland. Wer in Armut oder mit Migrationsgeschichte aufwächst, startet mit gravierendem Nachteil – und das System baut diesen Nachteil nicht ab, es zementiert ihn.

Kinder aus Akademikerfamilien besuchen selbst bei gleicher Leistung viermal häufiger ein Gymnasium als Kinder aus Arbeiterfamilien. In Berlin etwa schafft nicht einmal jedes zweite Kind mit Migrationshintergrund den Sprung auf ein Gymnasium – obwohl viele von ihnen die Voraussetzungen dafür mitbringen. Die frühe Trennung nach der vierten Klasse – weltweit fast einzigartig – wirkt wie ein Karussell mit Notausgang: Wer runterfliegt, darf nicht mehr mitfahren.

Kurzer Exkurs ins Jahr 1991: Michel, Viertklässler, genauso gut (oder schlecht) wie seine Mitschüler, bekommt als *einziges* Kind keine »Gymnasialempfehlung« (dieses Wort gehört abgeschafft, und das ganze System dahinter auch). Meine Mutter, die ganz genau wusste, was das bedeutet, rast zur Schule und fragt: Warum? Das Besondere an meiner Klasse damals: Wir wurden in der Grundschule nicht benotet, es gab also nicht mal Evidenzen. Also warum? »Na ja, Frau Abdollahi, was will das Kind denn auf einem Gymnasium? Da macht man Abitur, um danach zu studieren. Was soll Ihr Kind denn studieren? Nach Beschwerde beim Schulleiter bekam ich dann ein neues Zeugnis. Fun Fact: Unsere Klasse wechselte geschlossen auf die Julius-Leber-Gesamtschule, weil unsere Eltern das cooler fanden.

Zurück zum Bildungssystem. Und was machen die Regierungen gegen diese Missstände: Sie verwalten das Problem, und zwar allesamt, egal welche Parteien beteiligt sind. Bildung ist Ländersache – also zersplittert, inkompatibel, reformunfähig. Während in Finnland Lehrkräfte gezielt ausgebildet und pädagogisch gefördert werden, herrscht in Deutschland Lehrermangel, Stundenkürzung und Digitalchaos. Und vor allem: Integration durch Bildung wird oft nur proklamiert, nicht praktiziert. Statt gezielter Sprachförderung, inklusiver Schulformen oder vielfältiger Lehrpläne herrschen Abwehrreflexe, Bürokratie und bildungsferne Bildungspolitik. Die Bedürfnisse von Kindern aus Einwandererfamilien werden nicht als Herausforderung angenommen, sondern als »Problem« deklariert. Dabei wäre es die größte Ressource dieses Landes, wenn wir das Potenzial aller Kinder erkennen und fördern würden – unabhängig von Name, Herkunft oder Einkommen.

Meine Geschichte von 1991 läuft so immer noch täglich an deutschen Schulen. An dieser Stelle danke an die Lehrerinnen und Lehrer, die den Mut, die Zeit und die Kraft aufbringen, gegen dieses unsägliche System und gegen die immensen Widerstände anzukämpfen. Das Versagen ist nämlich kein Versehen. Es ist politischer Wille – oder politischer Unwille. Ein ungleiches Bildungssystem kostet jedoch nicht nur Chancen, sondern auch Milliarden. Für jeden jungen Menschen, der durch das Raster fällt, zahlt die Gesellschaft am Ende den Preis – sozial, wirtschaftlich und demokratisch. Aber wir legen uns lieber wieder schlafen und gucken derweil, wie wir die Grenzen dicht bekommen und die Polizei stärken, ganz wichtig! Auch das ist Populismus: Wenn man zu bequem ist, um etwas zu verändern, oder es gar nicht will. Eine Verweigerungshaltung in einem so essenziellen Gut wie der Bildung: die haben sich alle Parteien zu eigen gemacht.

Ein weiterer entscheidender Baustein der Integration ist die soziale Teilhabe – ein schönes Wort, wenn man es mit Leben füllt. Mitmachen, dazugehören, nicht nur am Rand stehen. Es gibt Projekte, die genau das fördern: Sportvereine, Nachbarschaftsinitiativen, Kulturprogramme. In Hamburg etwa läuft das Projekt »Kulturbrücke«, das Migranten und Nichtmigranten bei gemeinsamen Aktivitäten zusammenbringt. Klingt banal, wirkt aber: Menschen, die sich im Alltag begegnen, haben weniger Vorurteile. Die Initiatorin Hourvash Pourkian hat dafür sogar das Bundesverdienstkreuz bekommen. Ich kann nur applaudieren, weil ich weiß, wie anstrengend diese Arbeit ist. Und wie undankbar. Solche Projekte sind oft von kurzfristiger Förderung abhängig. Läuft das Geld aus, ist auch die Teilhabe wieder eingestellt. Nachhaltigkeit? Fehlanzeige. Dabei ist der Schlüssel zu einer gelungenen Integration vor allem: Geduld.

Schauen wir auf die Missstände bei der Integration, wird es unbequemer. Rassistische Diskriminierung auf dem Wohnungsmarkt, bei der Jobsuche, in der Schule – wer nicht weiß ist oder ein Kopftuch trägt, kann ein Lied davon singen. Integration scheitert oft nicht an den Migranten, sondern an der Gesellschaft. Der Satz »Wir sind offen, aber …« fällt viel zu häufig und legt Stereotype aller Art frei. Auch die Politik schickt widersprüchliche Signale: Einerseits werden Integrationsangebote ausgebaut, siehe oben, andererseits diskutiert man – völlig empathielos den Geflüchteten gegenüber – über Abschiebungen in Kriegsgebiete. Wie soll man da an eine Perspektive glauben? Ein syrischer Geflüchteter sagte mir einmal in einem Interview: »Man sagt uns: Integriert euch! Aber wenn wir es versuchen, heißt es: Ihr seid zu viele.« Diese Zerrissenheit spiegelt sich auch im öffentlichen Diskurs wider. Rechte Parteien instrumentalisieren Migration für ihre Zwecke, während die Mitte der Gesellschaft oft zwischen Ignoranz und Hilflosigkeit schwankt.

Es gibt viele Geschichten, die Mut machen. Von Menschen, die nach Deutschland kamen, schnell die Sprache lernten und eine Ausbildungs- oder Arbeitsstelle fanden. Die heute sagen: »Wir habe hier eine zweite Heimat gefunden.« Solche Geschichten zeigen: Integration kann gelingen, wenn die Rahmenbedingungen stimmen. Doch sie sind leider eher die Ausnahme als die Regel. Ich glaube, Integration ist letztendlich gar nicht gewollt. Ich soll das belegen? Lest das Buch einfach noch mal. Damit könnte ich leben. Aber mir die Karotte vor die Nase binden, das mag ich nicht, und ich lebe schon lange genug hier, um das zu erkennen und auch auszusprechen.

Ein Beispiel für gescheiterte Integration ist die Geschichte von, nennen wir ihn Hassan, der nach zwei Jahren in Deutschland noch immer keinen Job findet. »Ich will arbeiten, aber keiner gibt mir eine Chance«, erzählt er. Sprachbarrieren? Hat er überwunden. Qualifikation? Vorhanden. Aber der Name auf dem Lebenslauf scheint Hürde genug zu sein. Ich habe Tausende solcher Geschichten. Die Menschen schreiben mir E-Mails, Nachrichten auf *Instagram*, berichten mir davon beim Sport, nach Veranstaltungen, beim Bewerbungsgespräch.

Eine Untersuchung des Instituts für Arbeitsmarkt- und Berufsforschung (IAB) von 2023 ergab, dass Menschen mit türkischem oder arabischem Namen bei gleicher Qualifikation 24 Prozent seltener zu Vorstellungsgesprächen eingeladen werden. Zahlen, die wütend machen – und die einen leicht resignieren lassen. »Warum soll ich mich anstrengen, wenn mein Name reicht, um aussortiert zu werden?« Integration endet also oft dort, wo Vorurteile beginnen.

Die Politik weiß um diese Probleme, seit Jahrzehnten, doch viele Maßnahmen sind halbherzig. Statt langfristiger Strategien gibt es Schnellschüsse. Nach den Flüchtlingsbewegungen von 2022/23 wurden etwa kurzfristig neue Wohnheime gebaut – aber was passiert danach? Integration bedeutet mehr als ein Dach über dem Kopf. Es geht um Perspektiven. Um das Gefühl, nicht nur geduldet, sondern gebraucht zu werden. Menschen in eine Art Ghetto an den Stadtrand abzuschieben und zu hoffen, das wird schon, weil sie jetzt eine Einbauküche haben, funktioniert einfach nicht.

Der zentrale Knackpunkt liegt darin: Solange Migration als Problem betrachtet wird, bleibt Integration ein Lippenbekenntnis. Migration ist für diesen Staat und einen Teil seiner Bürger nach wie vor (oder: mehr denn je) negativ besetzt. Das unterscheidet Deutschland von anderen De-facto-Einwanderungsländern. Und solange das so bleibt, ist es fast egal, ob die Leute nun in einer Flüchtlingsunterkunft mit Einbauküche leben oder nicht. Ohne Geld kann man da auch nichts kochen, kommt man da auch nicht raus.

Beispiele? Da müssen wir gar nicht in die Ferne schweifen, das Gute liegt doch so nah. Schauen wir nach Portugal. Dort kannst du nach fünf Jahren eingebürgert werden – egal, ob du dort geboren bist oder nicht. Es gibt keine absurde Loyalitätsprüfung, keine gefühlten Hürden, die dich zermürben. Was zählt, ist, dass du Teil der Gesellschaft bist. Und genau das sendet eine Botschaft: Du wirst gebraucht. Du bist willkommen. Du darfst dazugehören.

Portugal hat auch gezeigt, wie pragmatisch und menschlich Einwanderungspolitik sein kann: Während der Corona-Pandemie hat die Regierung 2020 allen illegalisierten Migranten vorübergehend Bürgerrechte gegeben, damit sie Zugang zum

Gesundheitssystem, Arbeits- und Wohnungsmarkt bekommen. In Deutschland? Da wurde im selben Zeitraum diskutiert, wie Abschiebungen trotz Lockdown weiterlaufen könnten.

Überhaupt: Die Einbürgerung in Deutschland zieht sich nicht selten über einen Zeitraum von acht Jahren, mit Deutschtest, Wissenstest, Loyalitätstest – und ja keine Fehler im Formular! In vielen Fällen werden Menschen abgewiesen, weil sie einmal eine Mahnung erhalten haben oder ein Dokument fehlt. Deutscher wird man nur, wenn man alles richtig macht. Jeder Schritt ist ein Test – nicht in Zugehörigkeit, sondern in Geduld. Und immer schwingt die Botschaft mit: »Beweise erst mal, dass du es wirklich verdient hast.«

Wer in den Einbürgerungszirkus einsteigt, findet vor lauter Schwindel gar nicht mehr raus. Ich habe für meine Einbürgerung Nachweise zu Abitur und Studium vorgelegt, inklusive aller Zeugnisse, und am Ende sagte die Beamtin zu mir: Ja, aber Ihr Sprachtest fehlt noch. Nachdem ich mich durch mehrere Ämter gekämpft habe und man der Meinung war, vielleicht würde es bei mir auch ohne Deutschtest funktionieren, bekam ich dann die Einbürgerungsurkunde. Ich werde nie vergessen, wie die Dame aufstand, mir die Hand gab und sagte: Willkommen in Deutschland – fünfundzwanzig Jahre nach meiner Ankunft aus dem Iran. Ganz kurz dachte man, es könnte auch anders laufen. Die Ampelkoalition stellte in Aussicht, nach drei Jahren eingebürgert werden zu können, wenn man besonders gut integriert ist, also etwa hervorragend Deutsch spricht, beruflich fest im Leben steht und sich gesellschaftlich engagiert – ein starkes Zeichen. Ein Zeichen dafür, dass der deutsche Staat Menschen, die längst Teil dieser Gesellschaft sind, auch als solche anerkennt. Dass Integration nicht nur gefordert, sondern endlich auch belohnt wird. Für viele war das ein Hoffnungsschimmer: endlich nicht mehr Bittsteller sein, endlich dazugehören dürfen. Ich habe einige Freunde und Bekannte in meinem Umfeld, die doppelt und dreifach gelernt haben, um so schnell wie möglich bestes Deutsch sprechen zu können, damit sie eingebürgert werden können. Das ist toll! Das ist wichtig! Die Reform war überfällig. Denn Deutschland ist, ich wiederhole es gerne, längst ein Einwanderungsland – ob es das nun wahrhaben will oder nicht. Millionen Menschen leben hier seit Jahren, viele seit Jahrzehnten, arbeiten, zahlen Steuern, ziehen Kinder groß. Und trotzdem bleibt ihnen die Staatsbürgerschaft verwehrt, oft aus formalen oder ideologischen Gründen. Die Reform hätte ein klares Signal gesetzt: Wer sich einbringt, darf bleiben. Und mitreden. Und mitentscheiden.

Doch die Verkürzung auf drei Jahre wurde – nach großem Aufschrei, vor allem aus CDU und CSU – wieder gestrichen. Stattdessen wurde der Ton verschärft. Man sprach plötzlich wieder davon, »deutsche Werte« verteidigen zu müssen, von »Identitätsverzicht«, von »Entwertung« der Staatsbürgerschaft. Als würde Zugehörigkeit weniger wert, wenn mehr Menschen dazugehören. Was läuft da schief?

Man hat das Gefühl, dass manche in CDU und CSU gar nicht wollen, dass sich Menschen einbürgern und integrieren. Als würde es ihnen nicht um Integration gehen, sondern um Abschottung. Als müsste Deutschsein exklusiv bleiben, etwas, das nicht zu leicht zugänglich ist – als ob Zugehörigkeit ein Privileg ist, kein Grundrecht. Diese Haltung verrät ein tiefsitzendes Misstrauen gegenüber allem, was nicht ins alte Bild passt: die Sprache, der Name, die Religion, der Pass. Dabei ist es kein Zeichen von Schwäche, wenn ein Land Menschen willkommen heißt – sondern von Stärke. Die Rücknahme der Drei-Jahres-Regel war ein Rückschritt. Politisch motiviert, ideologisch getrieben. Und sie hat vielen Menschen das Gefühl gegeben: Ihr dürft hier sein. Aber ihr gehört nicht dazu. Solange der Geist von Menschen wie Friedrich Merz und seiner Leitkultur durch dieses Land weht, wird dieses Land Schritt für Schritt sterben.

Doch Zugehörigkeit lässt sich nicht aufhalten. Menschen integrieren sich trotzdem. Jeden Tag. Gegen Widerstände. Und irgendwann – auch wenn es manche nicht wahrhaben wollen – wird dieses Land nicht mehr fragen: Woher kommst du? Sondern sagen: Schön, dass du da bist.

Was bräuchte es dafür? Verlässliche Förderung, mehr Personal in Schulen und Behörden, einen Arbeitsmarkt, der Qualifikationen anerkennt, anstatt Herkunft zu bestrafen. Und vor allem: eine Gesellschaft, die sich ihrer eigenen Vorurteile bewusst wird. Integration ist keine Einbahnstraße. Wer immer nur fordert, ohne zu geben, wird auf Dauer scheitern. Ein Blick nach Kanada zeigt, wie es anders geht: Dort ist Migration Teil der nationalen Identität, Integration ein Gemeinschaftsprojekt. Solange hierzulande Integrationsdebatten vor allem über Begriffe wie »Flüchtlingskrise« oder »Überfremdung« geführt werden, bleibt der Weg steinig. Es ist mir ein absolutes Rätsel, warum wir da in Deutschland nicht längst weiter sind. Das macht einfach keinen Sinn. Außer: Wir wollen das nicht. Damit, ich wiederhole mich auch hier gerne, könnte ich leben. Dann würde ich aber auch nicht mehr versuchen, Deutscher zu sein. Und um ehrlich zu sein, ist das jetzt schon so. Ich habe wirklich alles getan, was man von mir verlangt hat. Ich habe die Sprache gelernt, studiert, gearbeitet, mich eingebracht. Ich war der Vorzeige-Integrationsfall – auf dem Papier. Aber irgendwann habe ich begriffen: Ich *kann* gar nicht dazugehören. Nicht wirklich. Ich bin nicht gewollt. Die Karotte, die man mir seit 1986 vor die Nase hält – »Bald bist du einer von uns, bald bekommst du alles, was die anderen auch haben« –, sie ist nie zum Greifen nah. Nur nah genug, damit ich laufe. Und ich *bin* gelaufen. Jahrzehntelang. Voller Hoffnung, voller Ehrgeiz. Bis ich stehen geblieben bin. Weil ich gemerkt habe: Dieses Land will meine Leistung. Aber nicht mich. Es spricht von Integration, aber meint Gehorsam. Es spricht von Zugehörigkeit, aber meint Anpassung. Und wenn ich all das bringe, dann sagt es plötzlich: »Nicht so schnell. Nicht so viele. Nicht du.« Also habe ich begonnen, mich wieder zu desintegrieren. Nicht aus Trotz. Aus Selbstschutz. Aber keine Sorge, ich halte weiterhin die Mittagsruhe ein und kann problemlos mehrere Gedichte von Goethe aufsagen.

Vielen Menschen fehlt wohl auch deshalb der Wille zur Integration, weil ihnen das Negative oder Problembehaftete medial subtil eingebläut wird. Darüber haben wir schon gesprochen, Stichwort »Messerstecher«, die uns alle umbringen wollen. Im Wahlkampf zur Bundestagswahl 2025 war dieses Thema überproportional präsent, und man fragte sich, wo die vielen Messerstecher mit Migrationshintergrund so plötzlich herkamen; hatten die alle gewartet, dass das Wetter besser wird?

Oftmals entsteht der Eindruck, dass Migranten überproportional an Straftaten beteiligt sind. Ein Blick auf bekannte Ereignisse zeigt, wie schnell Vorurteile entstehen können. Nach den Ausschreitungen in der Kölner Silvesternacht 2015/16, bei denen es zu zahlreichen Übergriffen kam, wurde in den Medien schnell ein Zusammenhang mit dem Migrationshintergrund der Täter hergestellt. Eine Analyse der damaligen TV-Berichterstattung ergab, dass in vielen Beiträgen die Herkunft der Täter betont wurde, oft ohne eine eindeutige Quelle anzugeben. Dies führte nicht nur zu einer Kulturalisierung von Sexismus und sexualisierter Gewalt, sondern auch zu der verzerrten Darstellung, dass diese vor allem von bestimmten nichtdeutschen Bevölkerungsgruppen ausgehen. Und: Je öfter wir etwas hören oder sehen, desto eher glauben wir es. Die Wissenschaft spricht in diesem Fall vom sogenannten Mere-Exposure-Effekt.

Wie wir wissen, zeigen Studien, dass die Kriminalitätsrate unter Migranten nicht signifikant höher ist als in der deutschen Bevölkerung. Doch die selektive Berichterstattung führt oftmals dazu, dass die Bevölkerung das Ausmaß an Kriminalität seitens Migranten überschätzt. Dies schürt Vorurteile, fördert Diskriminierung und erschwert die Integration (zudem lenkt es von den tatsächlichen Ursachen von Kriminalität ab, wie etwa soziale Ungleichheit oder mangelnde Bildungschancen). Mikroaggressionen gegen Migranten, gepaart mit eigenem Unvermögen und/oder Unzufriedenheit, sind sodann auch die Grundeigenschaften, die Menschen für die Rhetorik der Populisten anfällig machen – nicht selten fürchten aber gerade diejenigen die »Messermörder«, die nie einen einzigen Migranten in ihrem näheren Umfeld hatten oder haben werden.

Ist man den Populisten aber erst mal auf den Leim gegangen, ist es meist zu spät. Es ist auch nicht mehr, oder nicht vorrangig der Rassismus von grölenden Skinheads, der Integration verhindert – obwohl es den immer noch gibt –, sondern der leise, klebrige Alltagsrassismus, der sich fast unsichtbar durch unsere Gesellschaft zieht, versteckt in Blicken, in Fragen, in Handlungen. »Woher kommst du? Nein, ich meine: Woher kommst du wirklich?« Ein harmloser Satz? Vielleicht für den Fragenden. Der Gefragte hingegen merkt wieder einmal: Du gehörst nicht dazu. Auch wenn du hier geboren bist. Auch wenn du hier lebst.

Es sind die kleinen Nadelstiche, die in der Summe schmerzhaft sind. Und wer solche Fragen für legitime Interessensbekundungen oder Neugierde hält, der sollte mal einen Tag lang einen Betroffenen begleiten; er würde rasch verstehen, wie nervig und verletzend solche Äußerungen sind. Auch schön (und schon vielfach gehört): »Kannst du scharf essen? Ihr seid das ja gewohnt.« Alter, ich bin Iraner, wir wissen gar nicht, was Schärfe ist. Humorvoll gemeint? Vielleicht. Herablassend? Ganz sicher. Der Witz hört da auf, wo er Menschen auf ihre Herkunft reduziert. Integration bedeutet auch, solche »Kleinigkeiten« ernst zu nehmen. Mir hat mal eine jüdische Autorin erzählt, sie habe sich irgendwo vorgestellt, ihre jüdische Herkunft erwähnt, und das Gegenüber sagte: »Wie interessant, Sie sagten, Sie haben zwei Söhne, sind die beschnitten?« Haltet mich für konservativ und prüde, aber Geschlechtsteile von Minderjährigen (und wahrscheinlich auch die von Erwachsenen) sind kein guter Start in ein Gespräch.

Eine Studie des Deutschen Zentrums für Integrations- und Migrationsforschung (DeZIM) von 2024 zeigt: Über sechzig Prozent der Befragten mit Migrationshintergrund haben in den letzten zwölf Monaten Diskriminierung erlebt – in der Schule, am Arbeitsplatz, bei der Wohnungssuche. Eine Zahl, die Betroffene längst nicht mehr schockiert – schlichtweg, weil sie das jeden Tag aufs Neue erleben. Da ist zum Beispiel Samira, siebenundzwanzig, Lehrerin, deutsche Staatsbürgerin, in Köln geboren. Sie erzählte mir: »Ich wurde gefragt, ob ich wirklich unterrichten darf – mit Kopftuch. Ob ich meine Schüler nicht indoktriniere.« Oder Amir, dessen Bewerbungen mit dem Namen »Alexander« plötzlich Einladungen zum Vorstellungsgespräch nach sich zogen, während die mit seinem Klarnamen jahrelang ignoriert wurden. Leute, das macht was mit den Menschen! Das ist nicht okay. Bewertet die Menschen nach ihrem individuellen Handeln, du kannst Samira immer noch rauswerfen, wenn sie statt Mathe heimlich Koranexegese unterrichtet, aber lern sie doch erst einmal kennen.

Strukturelle Diskriminierung und institutioneller Rassismus sind die großen Geschwister des Alltagsrassismus. Sie sind subtiler, aber gefährlicher. Sie stecken in Gesetzen, Institutionen, Routinen. Ein Beispiel dafür ist die Polizeiarbeit: Racial Profiling ist offiziell verboten, aber Menschen mit dunkler Hautfarbe berichten regelmäßig von anlasslosen Kontrollen. »Ich werde öfter kontrolliert als meine weißen Freunde«, sagt Momo, Geflüchteter und Altenpfleger aus Hamburg. Dabei muss er sich auch immer wieder dieselbe Frage gefallen lassen: »Drogen genommen?« Die Polizei streitet das ab, sie sagt, es gibt kein strukturelles Racial Profiling, aber es lässt sich belegen. Eine Studie der Universität Bochum aus dem Jahr 2020 im Rahmen des Projekts KviAPol (»Konflikte zwischen Polizei und Bevölkerung«) zeigt, dass People of Color und schwarze Menschen in Deutschland signifikant häufiger von Polizeikontrollen betroffen sind. Auch der UN-Antirassismus-Ausschuss (CERD) hat Deutschland wiederholt aufgefordert, Racial Profiling zu erkennen, zu dokumentieren und zu bekämpfen. Zudem forderte der Ausschuss eine unabhängige Beschwerdeinstanz gegen Polizeigewalt und Diskriminierung. Denn, so der Bericht, Racial Profiling sei ein ernstes Problem in Deutschland, vor allem bei Polizeikontrollen. Der Ausschuss zeigte sich »besorgt« angesichts wiederholter Berichte über diskriminierende Polizeipraktiken, insbesondere gegenüber schwarzen Menschen, Sinti und Roma, muslimischen Menschen sowie anderen People of Color. Bisher ist Deutschland seiner Erhebungspflicht jedoch nicht nachgekommen.

2023 urteilte das Verwaltungsgericht Koblenz, dass eine Kontrolle allein wegen Hautfarbe rechtswidrig war – ein wichtiges Signal, aber auch ein Beleg dafür, dass es solche Fälle real gibt. Und dennoch: Studien zu Racial Profiling innerhalb von Polizeistrukturen werden immer wieder insbesondere von CDU/CSU geblockt, mit der Befürchtung, die Polizei könnte unter Generalverdacht gestellt werden. Selber Migranten bei jeder Gelegenheit unter Generalverdacht stellen und dann davor warnen. Genau mein Humor.

Besonders perfide ist der institutionelle Rassismus, wenn er die Angehörigen von Attentatsopfern trifft. Erinnern wir uns an Hanau: Neun Menschen wurden 2020 aus rassistischen Motiven ermordet. Ihre Familien kämpfen bis heute um lückenlose Aufklärung. Der Staat? Verlor Akten, vertuschte Versäumnisse. Ein Einzelfall? Leider nicht. Der NSU-Komplex war ebenfalls von Behördenversagen geprägt (ich möchte das hier eigentlich nicht mit einem kurzen Satz abtun, aber zum NSU-Desaster wurden ganze Bücher geschrieben, die absolut lesenswert und nichts für schwache Nerven sind). Immer wieder zeigt sich: Wenn Opfer nicht »deutsch« genug aussehen, ist die Empathie geringer, verläuft die Aufklärung schleppender. Ein bitterer Befund in einem Land, das sich Vielfalt auf die Fahnen schreibt. Das sind dann auch die Momente, in denen ich ernsthaft wütend werde, weil ich weiß, wie machtlos ich bin. Gegen den Staat und seine Instanzen kommt man nur schwer an, und noch haben wir einen vernünftigen Staat. Ich will gar nicht wissen, wie es wird, wenn die Blau-Braunen noch mehr Macht bekommen.

Der strukturelle Rassismus in Bildung, Berufswelt, Politik und auf dem Wohnungsmarkt ist inzwischen tief verwurzelt. Die Auswirkungen sind Misstrauen, Wut und gesellschaftliche Spaltung. Wer sich ausgegrenzt fühlt, zieht sich zurück – oder sucht Halt bei jenen, die sagen: »Ihr werdet hier nie dazugehören.« Damit spielen Populisten, damit füttern sie ihre Narrative; kein Wunder, wenn ein paar abgehängte Jugendliche gebrainwasht werden und in Deutschland das Kalifat ausrufen möchten. Aber genauso schnell, wie sie sich zu der einen Seite hingezogen fühlen, sind sie meines Erachtens auch wieder offen für die »vernünftige«. Da braucht es »lediglich« ein paar Perspektiven. Nur weil man wütend ist, ist man nicht gleich Terrorist.

Und Perspektiven gibt es. Projekte wie »Schule ohne Rassismus« oder »Netzwerk diskriminierungsfreies Bayern« setzen sich für mehr Sensibilisierung ein. Unternehmen, die anonymisierte Bewerbungen einführen, berichten von diverseren Teams. Städte wie Berlin bieten Antidiskriminierungsberatungen an. Es sind kleine Schritte – die aber etwas bewirken. Und dennoch: Solange Alltagsrassismus belächelt wird, solange »Das wird man ja wohl noch sagen dürfen« lauter ist als die Stimmen der Betroffenen, solange Leitkultur und erhobene Zeigefinger den Diskurs bestimmen, bleibt der Weg steinig und lang.

Rassismus in Deutschland ist nicht das Problem einiger weniger. Er ist ein strukturelles, gesellschaftliches Problem. Er zeigt sich im Alltag, in Behörden, auf dem Arbeitsmarkt, in Schulen. Er betrifft nicht nur »die Anderen«. Er betrifft uns alle, weil eine Gesellschaft, die Menschen ausschließt, sich selbst spaltet. Integration ist mehr als Sprachkurse und Jobs. Sie ist das Gefühl, dazuzugehören. Und dieses Gefühl fehlt vielen. Die Frage ist nicht: Gibt es Rassismus? Die Frage ist: Wie lange wollen wir noch wegschauen?

Und leider ist es ja so, dass sich die Debatte um Zugehörigkeit in den letzten Jahren noch verschärft hat. Nach den Flüchtlingsbewegungen von 2022/23 wurden Stimmen lauter, die forderten: »Wer hier leben will, soll sich anpassen.« Aber was heißt das? Deutsche Sprache, deutsche Werte, eine oft gehörte Phrase. Welche Werte sind genau gemeint? Was bedeutet es eigentlich, deutsch zu sein? Eine Frage, die harmlos klingt, aber schnell zum Minenfeld wird. Ist es die Sprache, die Herkunft, die Pünktlichkeit? Oder die Liebe zu Brot, Bier und Bürokratie? Zu Bratwurst und Oktoberfest? Pünktlichkeit? Oder geht es doch um etwas anderes? »Wenn ich bei Regen jogge, sagen sie: Du bist deutsch geworden«, erzählt Amina, achtzehn. »Wenn ich Kopftuch trage, bin ich rückständig. Was wollt ihr eigentlich?«

Es gibt aber auch Menschen, die aus dieser Ambivalenz eine Stärke machen. Die ihre Zweisprachigkeit als Vorteil, die kulturelle Vielfalt als Bereicherung ansehen. Fatima, einundzwanzig, studiert Jura und sagte mir: »Ich kann mich in verschiedenen Welten bewegen. Das macht mich flexibler.« Es entstehen neue Identitäten. Deutsch sein und gleichzeitig etwas anderes – das schließt sich nicht aus. Junge Menschen schaffen ihre eigenen Kulturen: Hip-Hop mit arabischen Beats, deutsche Texte mit türkischem Slang. Serien wie *4 Blocks* oder *Dogs of Berlin* zeigen migrantische Lebenswelten – mal klischeehaft, mal authentisch – und werden dafür gefeiert. Auf *Instagram* zelebrieren Influencer wie Duygu oder Nura ihre Herkunft, mischen Sprachen, setzen Statements. Auch auf den Schulhöfen mischen sich Sprachen, Kulturen, Musikstile. Deutsch sein? »Heißt Playstation spielen und *TikTok* machen«, sagt Cem, siebzehn. Klingt banal, ist aber ein Zeichen. Es gibt sie, die Räume, in denen Vielfalt normal ist. Aber es sind allzu oft Nischen. Ansonsten heißt es: Vielfalt ja – aber bitte nicht zu laut.

Die Gesellschaft fordert Integration – aber wie weit geht sie selbst? Immer noch sind Menschen mit ausländischen Namen auf der Führungsebene in Unternehmen, als öffentliche Stimme in den Medien oder der Politik deutlich unterrepräsentiert. Und kommt mir nicht mit: Streng dich mal mehr an. Sichtbarkeit ist nicht nur Symbolik, sondern auch Signal: Du kannst es schaffen. Wenn Migranten Vorbilder haben, die so aussehen wie sie, eifern sie ihnen nach. Vergesst Obama, schaut euch *Arielle die Meerjungfrau* an. Es gibt Tausende Videos im Netz, wo schwarze Eltern ihre schwarzen Kinder filmen, die das erste Mal die schwarze Arielle sehen und sagen: »Dad, she looks like me.« Das rührt zu Tränen. Sie können plötzlich auch Arielle sein. Außer in rechten Kreisen. Da sind Meerjungfrauen weiß. So hat sie Gott geschaffen, so leben sie in Meerjungfraunistan, und so soll es immer bleiben.

Doch diese Signale fehlen oft. Dabei könnten Vorbilder viel bewegen. Wenn Belit Onay Oberbürgermeister von Hannover wird, Bijan Djir-Sarai Generalsekretär der FDP oder Özlem Türeci zusammen mit ihrem Mann Uğur Şahin mal so eben einen Covid-Impfstoff entwickelt, macht das Mut. Aber reicht das? Ein junger Mann in einer Diskussionsrunde sagt: »Schön, dass es Beispiele gibt. Aber warum muss ich ein Vorbild sein, um einfach dazugehören zu dürfen?« Eine Frage, die hängen bleibt.

Diese permanente Ambivalenz, die auf der Integration lastet, erschwert die Identitätsfindung der jungen Menschen mit Migrationsgeschichte ungemein. »Warum trägst du ein Kopftuch?«, fragte ein Kommilitone Fatima. »Warum interessiert dich das?«, konterte sie. Identität ist nicht nur kompliziert, sondern ein ständiges Aushandeln zwischen Erwartungen und Selbstbestimmung. Sie wollen aber dazugehören, ohne sich zu verbiegen. Ohne dass die Integration permanent an Bedingungen geknüpft wird. Dass ihnen Zugehörigkeit nur auf Probe gewährt wird.

Die Familie spielt eine doppelte Rolle bei Integration und Identitätssuche, einerseits als Rückzugsort, andererseits als Konfliktzone. Eltern, die ihre Heimat vermissen, wollen Traditionen bewahren. Kinder, die dazugehören wollen, empfinden das oft als Ballast. »Meine Mutter will, dass ich heirate wie sie – jung, traditionell. Ich will studieren, reisen, leben«, erzählte mir Leila, zwanzig. Diese Kämpfe finden in Wohnzimmern statt, leise und schmerzhaft. Zwischen elterlichen Erwartungen und eigenen Träumen entsteht ein Spannungsfeld, das Identitätsfindung erschwert. Und doch gibt es auch Versöhnung: »Ich habe gelernt, beides zu akzeptieren«, sagt Omar, zweiundzwanzig. »Meine Wurzeln und meine Flügel.«

Identität ist kein statisches Konzept. Sie wächst, verändert sich. Junge Migranten in Deutschland jonglieren täglich mit Fragen, die sich viele nie stellen müssen: Wie deutsch bin ich? Wie sehr darf ich anders sein? Warum ist es so schwer, einfach ich zu sein? Antworten gibt es nicht immer. Aber es gibt das Bedürfnis, gesehen zu werden. Nicht als Integrationsprojekt, sondern als Teil dieser Gesellschaft. Ein Teil, der genauso widersprüchlich, fehlerhaft und vielfältig ist wie das Land selbst.

Aber auch ältere Migranten bewegen sich zwischen Zugehörigkeit und Ablehnung. Und die Frage ist nicht, ob sie Teil Deutschlands sind. Die Frage ist, ob Deutschland bereit ist, das endlich anzuerkennen. So betont auch die Sozialwissenschaftlerin Naika Foroutan: »Deutschland ist längst ein Einwanderungsland. Die Frage ist nicht mehr, ob Vielfalt Teil der Identität ist, sondern wie wir damit umgehen.« Klingt logisch. Doch die Gesellschaft oder besser: der öffentliche Diskurs hinkt hinterher. Medien zeigen noch immer ein sehr homogenes Bild der Deutschen: blond, blauäugig, biertrinkend. Und wenn ich den Namen Özlem (oder einen anderen türkischen Vornamen) erwähne und über Heimat und Fremde spreche, dann denken viele bei »Heimat« doch immer noch an die Türkei. Aber Özlem ist in vierter Generation in Deutschland geboren. Sie war noch nie in der Türkei.

Blicken wir zurück: Nach dem Zweiten Weltkrieg definierte sich Deutschland vor allem durch das, was es nicht mehr sein wollte – ein Land der Täter. Später kam das Wirtschaftswunder und – lange vor Merkel – das Gefühl: Wir schaffen das. Gastarbeiter kamen und blieben – aber dazugehören sollten sie nicht. »Wir haben Arbeitskräfte gerufen, und es kamen Menschen«, sagte Max Frisch schon damals. Integration? Fehlanzeige. Identität war etwas für Deutsche ohne Migrationsgeschichte – alle anderen blieben »die Ausländer«.

Mit der Wiedervereinigung 1990 wurde die Identitätsfrage noch komplizierter. Ost und West: ein Land, zwei Welten. Viele im Osten fragten sich: Gehören wir jetzt wirklich dazu, oder sind wir nur angeklebt? Gleichzeitig wuchs die Vielfalt: Türken, Vietnamesen, Italiener – sie alle waren längst Teil der Gesellschaft, wurden aber oft behandelt wie Gäste auf einer Party, die zu lange geblieben sind.

Und dann kam 2015. Die Flüchtlingskrise – oder, je nach Blickwinkel, die große Solidaritätsbewegung (ja, so hätte man es auch framen können!) – stellte alles auf den Kopf. Das Merkel'sche »Wir schaffen das« spaltete das Land. Für die einen war es ein humanistisches Bekenntnis, für die anderen ein Angriff auf ihre Vorstellung von Heimat.

Heute, Jahre später, ist die Debatte hitziger denn je. Für viele ist »deutsch sein« eine Frage des Passes. Für andere eine Frage des Herzens. Und für wieder andere eine Frage der Herkunft. »Ich bin hier geboren, zahle Steuern, spreche Deutsch – was soll ich noch tun?«, fragt Naima, sechsundzwanzig, deren Großeltern aus Ghana kamen. Und doch wird sie im Supermarkt gefragt, ob sie hier Urlaub macht. Fast schon unglaublich, wie ausgedacht, aber eigentlich wahnsinnig traurig. »Deutsch sein« scheint ein exklusiver Club zu sein – mit Regeln, die niemand so genau kennt.

Meine Meinung: Deutsch kann sein, wer hier lebt. Punkt. Dazwischen steht eine Gesellschaft, die sich nicht entscheiden kann. Konservative Kreise pochen auf Leitkultur, die andere Seite plädiert für eine offene, fluide Identität. Während ein Teil das multikulturelle Deutschland feiert, wünscht sich ein anderer das vermeintlich »einfache« Land von früher zurück. »Wir müssen unsere Kultur bewahren«, heißt es dann. Aber welche Kultur? Die der Fünfzigerjahre? Der Achtziger? Warum pflegen wir nicht einfach die gegenwärtige Rap-und-Döner-Republik?

Das Problem liegt genau darin: Während die einen längst in einem vielfältigen Deutschland leben, klammern sich andere an ein Bild, das es so nie gegeben hat. Und die Flüchtlingsbewegungen von 2022/23 haben diese Gräben noch vertieft. Die Diskussionen sind bestimmt von der Angst vor Überfremdung, vor dem Verlust der Identität. Dabei zeigt die Geschichte: Identität ist kein Nullsummenspiel. Mehr Vielfalt heißt nicht weniger Deutschland. Oder wie der Schriftsteller Max Czollek sagt: »Integration klingt oft so, als müssten wir alle in ein altes Deutschland passen. Aber was, wenn wir ein neues bauen?« Eine wundervolle Frage. Vielleicht die entscheidende.

In Gesprächen zeigt sich: Die Vorstellungen von deutscher Identität sind so vielfältig wie das Land selbst. Für Jürgen, fünfundsechzig, Rentner, ist deutsch sein »Ordnung und Bundesliga«. Für Leila, zweiundzwanzig, Studentin, bedeutet es »Freiheit, diskutieren dürfen, wählen gehen«. Für Ahmed, vierzig, Taxifahrer, ist es »einfach hier zu leben und nicht dauernd gefragt zu werden, woher man kommt«. Diese Spannbreite ist Chance und Herausforderung zugleich. Eine Gesellschaft braucht gemeinsame Nenner – aber welche können das sein, ohne auszuschließen? Vielleicht Respekt, Grundrechte, Demokratie. Werte, die universell sind und doch manchmal am Stammtisch verloren gehen.

Auch international wird die deutsche Identität beobachtet. »Germany is changing«, titelte der *Economist* 2018. Aber wohin? Richtung Vielfalt oder Richtung Abschottung?

»Germany is becoming a more open, fragmented country. That will mean rethinking many ingrained habits.« Der *Economist* sah ein Deutschland auf dem Weg zu Offenheit und Vielfalt. Ich auch. Aber irgendwie ist es gar nicht in diese Richtung gegangen. Die Gründe? Weil Wandel nicht von selbst geschieht. Wir haben die Gegenkräfte unterschätzt, die leider so tief in der deutschen DNA verwurzelt sind, meiner Meinung nach die real existente deutsche Leitkultur: Angst, Abwehr, Populismus. Weil in diesem Land Fortschritt Rückschritte provoziert. Weil hier jede Bewegung nach vorn eine nach hinten hervorruft – sichtbar in den Wahlerfolgen rechter Parteien, im Kulturkampf um Identität, im Misstrauen gegen alles »Fremde«. Weil die Politik hierzulande zögerte, statt den Wandel aktiv zu gestalten. Sie verliert sich seit Jahrzehnten in Symbolpolitik, lässt Räume unbesetzt, die dann andere für sie füllen – mit Angst, Wut und einfachen Antworten. Und nicht zuletzt, weil Deutschland sich verändern will und nicht verändern lässt. Das Herz will Diversität, der Bauch Sicherheit, der Kopf Ordnung. In dieser Spannung steht es bis heute. Was kommen wird? Die Antwort ist offen – was den Umgang mit der Migration angeht, ist jedoch gewiss: Identität darf nicht (nur) eine Frage des Passes sein. Sie muss eine Frage der Haltung sein.

Und: Sollten wir uns tatsächlich für die Abschottung entscheiden, dann möchte ich doch mal fragen: Wo wäre Deutschland eigentlich ohne Migranten? Ohne Migration gäbe es hier weder Döner noch Diskotheken mit internationaler Musik, weder international erfolgreiche Unternehmen noch das Pflegepersonal, das in Krankenhäusern den Laden am Laufen hält. Laut dem Institut der deutschen Wirtschaft (IW) erwirtschafteten Menschen mit Migrationshintergrund 2024 rund zwölf Prozent des Bruttoinlandsprodukts – Tendenz steigend. In der Gastronomie, im Baugewerbe, in der Pflege klaffen Lücken, die längst nicht mehr durch die sogenannte »einheimische« Bevölkerung geschlossen werden können. »Wenn wir nicht zuwandern lassen, geht hier das Licht aus«, warnte die Bundesagentur für Arbeit. Und das ist keine Übertreibung. »Zuwanderung ist notwendig. Der demografische Wandel lässt uns keine Wahl«, betont auch der Migrationsforscher Herbert Brücker.

Doch Migration bedeutet mehr als Zahlen. Es sind die Geschichten dahinter, die zählen. Da ist zum Beispiel Shiva, deren Familie aus Marokko stammt. Sie hat ein Start-up gegründet, das nachhaltige Mode produziert – mit Mitarbeitenden aus zehn verschiedenen Ländern. Oder Payman, der als Geflüchteter kam und heute im Krankenhaus als Arzt Leben rettet. Und man kann die Deutsche Bahn für so vieles hassen, für Verspätungen, kaputte Klimaanlagen, überfüllte Züge. Aber eines muss man ihr lassen: Sie hat verstanden, dass sie ohne Diversität längst aufgeschmissen wäre. In einer Zeit, in der alle Influencer werden wollen, muss man umdenken, wenn man Schaffner sucht.

Ich saß neulich im Zug von Köln nach Hamburg. Kontrolliert wurde ich von einem bis oben hin tätowierten blonden jungen Mann, der so freundlich grinste, dass ich ihn am liebsten geküsst hätte. Kurz darauf fragte eine junge schwarze Frau, ob jemand etwas aus dem Bordrestaurant wünsche. Ein Servicemitarbeiter drückte mir einen Keks in die Hand und sagte: »Für dich. Wir haben heute ein bisschen Verspätung.« Hinter dem Tresen des Bordbistros diskutierten Dirk und Abdallah im feinsten Kölsch über den Aufstieg vom Effzeh – als hätten sie nie eine andere Sprache gesprochen. Aus den Lautsprechern tönte: »Das Bordbistro befindet sich heute im Wagen mit der Ordnungszahl … (*Ordnungszahl!*) … Neun. Fahrgäste mit einem Ticket der zweiten Klasse werden gebeten, nicht in der ersten Klasse zu hoffen, dass es niemand merkt. Wir werden versuchen, und die Betonung liegt auf ›versuchen‹, unsere Verspätung wieder einzuholen. Mein Name ist Mirko B. Ich bin heute Ihr Zugchef.«

Und ich dachte: Deutschland ist nicht verloren. Deutschland ist schön. Das hier ist die Realität. Sie wird im Arbeitsmarkt gemacht, in unserem Lebensalltag. Überall dort, wo wir als Gesellschaft aufeinandertreffen. Solche Geschichten sind keine Ausnahme, auch wenn sie im Alltag oft untergehen. Aber die Medien berichten lieber über »Clan-Kriminalität« als über ein vielfältiges Deutschland und die Millionen Menschen mit Migrationshintergrund, die täglich ihren Beitrag leisten. Weil die Schauergeschichte sich halt besser verkauft.

Natürlich ist nicht alles rosig. Migration bringt Herausforderungen mit sich. Wohnraum wird knapper, Schulen sind überlastet, Integrationskurse platzen aus allen Nähten. Die Kommunen ächzen unter der Aufgabe, Geflüchtete unterzubringen. »Wir fühlen uns alleingelassen«, klagen viele Lokalpolitiker. Integration gelingt nicht von allein. Sie braucht Ressourcen, Zeit – und den Willen aller Beteiligten. Sie braucht Begegnung. Verständnis. Und manchmal einfach den Mut, die eigene Komfortzone zu verlassen. Denn am Ende ist es doch so: Integration zahlt sich aus. Nicht nur wirtschaftlich. Sondern auch menschlich.

Ich sitze hier und schreibe dieses Kapitel nicht, weil ich Langeweile habe. Ich schreibe es, weil es wichtig ist. Ich habe die Stimmen in diesem Kapitel nicht einfach so über Jahre hinweg gesammelt. Denn wir reden hier über Menschen. Über ihr Leben, ihre Träume, ihre Ängste. Und ja, auch über ihre Fehler.

Ich weiß, es ist unbequem. Es ist anstrengend. Es nervt. Aber stell dir vor, du wärst Hassan. Stell dir vor, du hättest alles verloren und wärst in einem fremden Land gestrandet. Du versuchst, dein Leben wieder aufzubauen, aber überall stößt du auf Ablehnung. Du bist qualifiziert, motiviert, aber dein Name auf dem Lebenslauf reicht, um aussortiert zu werden. Wie lange würdest du das aushalten?

Wir können nicht länger wegschauen. Wir müssen diese Geschichten erzählen, immer und immer wieder. Wir müssen unbequem sein, laut, nervig. Wir müssen den Populisten zeigen, dass wir uns nicht von ihnen treiben lassen. Wir sind mehr als ihre Angstparolen. Wir sind eine Gesellschaft, die zusammenhält. Eine Gesellschaft, die niemanden zurücklässt.

Und am Ende ist es ein Kampf, der sich lohnt. Denn es geht nicht nur um Hassan. Es geht um uns alle. Es geht darum, was für eine Gesellschaft wir sein wollen. Wollen wir ein Land sein, in dem Herkunft wichtiger ist als Leistung? Wollen wir ein Land sein, in dem Angst und Hass regieren? Oder wollen wir ein Land sein, in dem jeder eine Chance hat? Entscheiden wir uns für den Stillstand, den Rückschritt? Oder für die Veränderung?

Ich habe mich entschieden. Ich werde diese Geschichten erzählen, so lange, bis sie jeder kennt. Ich werde unbequem sein, laut, nervig. Ich werde den Populisten zeigen, dass sie sich irren. Wir werden eine Gesellschaft schaffen, in der jeder dazugehört. Eine Gesellschaft, auf die wir stolz sein können.

Sänk ju for träveling wiz Deutsche Bahn today, take care and goobye.

Freiheit – (fast) ade

Deutschland ist ein reiches Land. Ein wirtschaftliches Schwergewicht mit Exportüberschüssen, einer stabilen Industrie und einem sozialen Sicherungssystem, das international als Vorbild gilt. Und doch wächst die Wut. Die Wut derer, die morgens aufstehen, arbeiten, Steuern zahlen und merken, dass es trotzdem vorne und hinten nicht reicht. Die Wut derer, die sehen, wie die einen Vermögen anhäufen, während die anderen sich entscheiden müssen, ob sie heizen oder essen. Die Wut derer, die merken, dass nicht Fleiß über Wohlstand entscheidet, sondern Herkunft, Beziehungen und das Glück, zur richtigen Zeit am richtigen Ort zu sein. Wer fleißig ist, schafft es – das war die Erzählung. Heute heißt Aufstieg: Wer unten ist, bleibt unten. Wer nicht passt, passt sich an – oder geht unter. Bildung? Reicht oft nur fürs Prekariat mit Diplom. Arbeit? Reicht kaum für Miete.

Die Mittelschicht schrumpft, die Aufstiegstreppen quietschen, und oben wird die Luft nicht dünner – nur exklusiver. Ein Land ohne Aufstieg verliert mehr als Hoffnung. Es verliert Gerechtigkeit. Und irgendwann: sich selbst. Das, liebe Leute, das ist einer der zentralen, oft unterschätzten Gründe für den Erfolg populistischer Bewegungen. Wenn das Versprechen vom sozialen Aufstieg nicht mehr funktioniert, wenn Menschen das Gefühl haben, nicht gesehen, nicht gehört und nicht gebraucht zu werden, entsteht Frust. Und dieser Frust ist nicht einfach nur Unzufriedenheit, sondern ein tiefes Misstrauen. Dann ist es nicht mehr die Freiheit, die die Menschen führt, sondern die Angst, die Hilfe sucht bei der Autorität.

Laut dem Sozio-oekonomischen Panel (SOEP) 2024 besitzen die reichsten zehn Prozent der Deutschen sechsundsechzig Prozent des gesamten Vermögens. Die ärmere Hälfte der Bevölkerung teilt sich weniger als zwei Prozent davon. Und während die Gehälter der Oberschicht in den letzten Jahren stark gewachsen sind, stagnieren die der unteren vierzig Prozent oder sinken inflationsbereinigt sogar. Deutschland ist das Land mit einer der höchsten Vermögensungleichheiten in Europa – Tendenz steigend.

Soziale Ungleichheit ist nicht nur eine Frage des Geldes. Sie bedeutet schlechtere Bildungschancen, eingeschränkte soziale Teilhabe und begrenzte Aufstiegsmöglichkeiten. Wer arm geboren wird, bleibt mit hoher Wahrscheinlichkeit arm. Das Bildungssystem, das Chancengleichheit schaffen sollte, ist längst zu einem Klassensystem verkommen. Kinder aus Akademikerfamilien haben eine dreimal höhere Chance, ein Gymnasium zu besuchen, als Kinder aus Arbeiterfamilien, selbst bei gleichen Leistungen. Wer in einem wohlhabenden Haushalt aufwächst, erbt nicht nur Geld, sondern auch Netzwerke, Wissen, kulturelles Kapital. Wer in einer einkommensschwachen Familie aufwächst, erbt vor allem Unsicherheiten.

Diese Ungleichheit hat Folgen. Sie frisst sich in die Psyche der Gesellschaft, erzeugt Frustration und Verachtung – für das System und für die Politik. Menschen, die sich abgehängt fühlen, verlieren das Vertrauen in Institutionen. Sie glauben nicht mehr daran, dass Wahlen etwas ändern oder dass politischer Fortschritt für sie gedacht ist. Viele von ihnen wählen genau deshalb AfD. Studien des Leibniz-Instituts für Wirtschaftsforschung zeigen, dass Menschen mit geringem Einkommen deutlich häufiger populistische Parteien wählen als wohlhabendere Schichten, darunter übrigens auch nicht wenige Migranten.

Der Grund ist einfach: Populisten benennen Schuldige für die Misere. »Die Eliten! Die Ausländer! Die EU!« Die Schuldfrage wird dabei selten rational beantwortet. Vielmehr lebt Populismus davon, dass Schuld personalisiert wird; Sündenbock-Denken vereinfacht die Welt. Dieses Muster ist in der Geschichte immer wieder zu beobachten. Ob in Krisenzeiten oder wirtschaftlichen Umbrüchen – wenn sich gesellschaftliche Gruppen bedroht fühlen, wird ein Feindbild konstruiert.

Es gibt etliche Beispiele, die zeigen, wie dieser Mechanismus funktioniert. Die Flüchtlingsbewegung 2015 wurde von rechten Parteien als Hauptursache für soziale Probleme dargestellt. Dass Krankenhäuser unterbesetzt sind, wurde nicht mit Sparmaßnahmen erklärt, sondern mit »Überlastung durch Flüchtlinge«. Dass Wohnraum knapp ist, wurde nicht mit Spekulation oder mangelndem Sozialbau verknüpft, sondern mit »zu vielen Ausländern«. Während Banken gerettet wurden, erklärte man Hartz-IV-Empfänger zu Schmarotzern. Schuld ist immer der, der sich nicht wehren kann. Währenddessen kommen die tatsächlichen Ursachen für die Unzufriedenheit in kaum einem Wahlprogramm vor.

Die rechte Szene hat diese Wut längst für sich entdeckt. AfD-Politiker sprechen von »sozialer Gerechtigkeit«, während sie im Bundestag gegen höhere Mindestlöhne und Sozialleistungen stimmen. Sie erklären den »kleinen Mann« zum Opfer der Migration, statt über Mietwucher, Lohndumping oder marode

Schulen zu sprechen. Die Strategie funktioniert. In Ostdeutschland, wo die wirtschaftliche Unsicherheit besonders hoch ist, erzielte die AfD bei der Bundestagswahl Rekordzahlen.

Dabei ist Deutschland nicht zwischen Ost und West, sondern zwischen Stadt und Land geteilt. Die Unterschiede sind nicht nur sichtbar, sie prägen den Alltag, die Chancen, die politische Einstellung und das Lebensgefühl. Wer in Berlin, Hamburg oder München lebt, bewegt sich in einer Welt der Vielfalt, der Möglichkeiten, der innovativen Veränderungen. Wer in der Uckermark, in der Eifel oder in der Lausitz lebt, erlebt das Gegenteil: Ruhe, Natur, Stabilität – aber auch Abgehängtheit, schlechte Anbindung und das Gefühl, dass Entscheidungen anderswo getroffen werden.

Und: Die Landflucht setzt sich ungebremst fort. Seit Jahren zieht es mehr Menschen in die Städte, während ländliche Regionen Bevölkerung verlieren. Zwischen 2015 und 2023 wuchs die Bevölkerung in den deutschen Großstädten um fast zehn Prozent, während viele ländliche Gebiete schrumpften. Junge Menschen ziehen weg, weil es in den Städten mehr Arbeitsplätze, Universitäten und kulturelles Leben gibt. Es bleiben überwiegend ältere Menschen oder diejenigen, die sich eine Wohnung in der Stadt nicht leisten können. Ein Teufelskreis: Weniger junge Menschen bedeuten weniger Investitionen, weniger Infrastruktur, weniger Zukunft. In den ostdeutschen Bundesländern zudem noch weniger Frauen, ergo Männerüberschuss, ergo Frust, Frust, Frust.

Die wirtschaftlichen Unterschiede sind gravierend. In Großstädten gibt es mehr Arbeitsplätze, mehr Kapital, mehr Innovation. Aber auch höhere Mieten. Eine Zwei-Zimmer-Wohnung in München kostet so viel wie ein Haus in Sachsen-Anhalt. Aber nach Sachsen-Anhalt ziehen? Niemals. Während Gentrifizierung Stadtviertel in exklusive Wohngebiete verwandelt, stehen auf dem Land Häuser leer. Die Folgen sind überall spürbar. Auf dem Land schließen die letzten verbliebenen Läden, Arztpraxen und Schulen, weil es sich wirtschaftlich nicht mehr lohnt, sie am Laufen zu halten. In Städten explodieren die Mieten, weil Investoren die Häuser als Spekulationsobjekte nutzen.

Wer in einer Stadt lebt, erlebt Diversität im Alltag. Wer in einem Dorf lebt, in dem jahrzehntelang kaum Migration stattfand, sieht Veränderung oft als Bedrohung. Während in Städten Klimaschutz als wichtiges Thema gilt, sind auf dem Land wirtschaftliche Existenzängste drängender. In den Metropolen sind daher auch Grüne, SPD und Linke stark, in ländlichen Regionen dominieren CDU, CSU und zunehmend die AfD. Bei der Bundestagswahl 2025 erzielte die AfD in ostdeutschen Landkreisen bis zu 50 Prozent.

Die gesellschaftlichen Debatten laufen oft aneinander vorbei. Städter verstehen nicht, warum Windräder auf dem Land so umstritten sind, während Landbewohner nicht nachvollziehen können, warum urbane Eliten ihnen ihre Lebensweise vorschreiben wollen. In Berlin wird über vegane Kantinen in Behörden diskutiert, während Landwirte mit ruinösen Milchpreisen kämpfen. Medien berichten vorwiegend aus Berlin, Hamburg oder Köln, während der Alltag in strukturschwachen Regionen oft unsichtbar bleibt. Dieses Ungleichgewicht in der Berichterstattung verstärkt das Gefühl der Vernachlässigung. Wer sich ignoriert fühlt, sucht sich andere Informationsquellen – und landet oft bei rechten Medien, die genau diese Wut adressieren.

Dabei haben die Probleme ja gemeinsame Nenner. Wohnungsnot betrifft nicht nur Städte – auch auf dem Land fehlen bezahlbare Mietwohnungen für junge Familien. Arbeitsplätze in strukturschwachen Regionen sind oft schlecht bezahlt, aber auch in Städten reicht ein Mindestlohnjob kaum zum Leben. Die Digitalisierung sollte das Stadt-Land-Gefälle verringern, doch während Berlin Start-ups hervorbringt, haben viele Dörfer noch immer kein stabiles Internet.

Es gibt jedoch Initiativen, die gegensteuern. Projekte wie »Dorf macht Zukunft« oder »Smart Villages« versuchen, den ländlichen Raum mit neuen Konzepten lebenswerter zu machen: mit Co-Working-Spaces, besseren Mobilitätsangeboten und einer neuen Definition von Gemeinschaft. Gleichzeitig gibt es in Städten Bewegungen gegen soziale Spaltung, von Protesten gegen Mietwucher bis zu solidarischen Nachbarschaftsnetzwerken.

Das eigentliche Problem ist aber nicht nur die Ungleichheit selbst, sondern ihre Akzeptanz als »normal«. Der Satz »So war es doch schon immer« dient als Schutzschild gegen Veränderung. Doch nichts an der aktuellen Entwicklung ist unvermeidlich. Wirtschaftliche Unsicherheit ist kein Naturgesetz. Sie ist das Ergebnis politischer Entscheidungen. Wer verstehen will, warum die Gesellschaft gespalten ist, darf nicht bei Migration oder »Wokeness« stehen bleiben – sondern muss dorthin schauen, wo das eigentliche Problem liegt: in der Verteilung von Ressourcen, Chancen und Macht.

Seit den Neunzigerjahren haben neoliberale Reformen die Gesellschaft spürbar verändert. Deregulierung, Privatisierung und Steuerentlastungen für Unternehmen wurden als Motor für Wachstum verkauft. Doch das Wachstum kam nicht bei allen an. Während große Konzerne und Vermögende von Steuersenkungen profitierten, wurden Sozialleistungen gekürzt, Renten gesenkt und Arbeitsmärkte flexibilisiert – ein Euphemismus für Unsicherheit und Lohndumping. Die Agenda 2010 unter Gerhard Schröder brachte eine beispiellose Erosion des Sozialstaats. Hartz IV sollte Arbeitslose »aktivieren«, machte sie aber vor allem arm. Millionen wurden in befristete, schlecht bezahlte Jobs gedrängt, Leiharbeit boomte, und während das Bruttoinlandsprodukt wuchs, stagnierten wie bereits erwähnt die Einkommen der unteren vierzig Prozent oder sanken real.

Parallel dazu wuchs der Niedriglohnsektor. In kaum einem anderen Land Europas ist der Anteil der Geringverdiener so hoch wie in Deutschland. Ein Viertel der Beschäftigten verdient trotz Vollzeitstelle so wenig, dass sie kaum über die Runden kommen. Während die Politik Tarifbindungen aufweichte und prekäre Arbeitsmodelle erleichterte, wurden Unternehmen entlastet.

Die Wirtschaft nutzte diese Entwicklung. Niedrige Löhne bedeuteten höhere Gewinne. Unternehmen profitierten von billigen Arbeitskräften, während der Staat Niedriglöhne durch Aufstockungen subventionierte. Wer mit Mindestlohn arbeitete, bekam vom Jobcenter Wohngeld, weil das Gehalt nicht reichte. Die Gewinne wurden privatisiert, die Kosten sozialisiert. Währenddessen stiegen Immobilienpreise rasant an. Große Wohnkonzerne kauften ganze Stadtviertel auf, trieben die Mieten in die Höhe, während Sozialwohnungen abgebaut wurden. Heute besitzen wenige Unternehmen einen Großteil der Mietwohnungen in deutschen Großstädten – eine der direkten Folgen politischer Untätigkeit und wirtschaftlicher Profitlogik. Das alles sind Tatsachen. Mag sich oft kompliziert und spröde anhören, aber, es tut mit wahnsinnig leid, damit müssen wir uns beschäftigen, wenn wir kommenden Generationen keinen Scherbenhaufen überlassen möchten. Warum kommt es denn zu Umstürzen und Kriegen? Doch nicht, weil die Menschen so glücklich und zufrieden sind.

Die Spaltung der Gesellschaft wurde und wird so immer weiter vorangetrieben. Die Lebenserwartung der ärmsten 20 Prozent der Deutschen ist heute rund acht Jahre niedriger als die der reichsten 20 Prozent. Wer arm ist, stirbt früher. Ich finde das furchtbar traurig. Das macht was mit mir. Ich fühle mich schmutzig.

Währenddessen hat sich die Politik zunehmend von den realen Problemen der Bevölkerung entfernt. Steuerpolitik entlastet Kapitalbesitzer, während Konsumsteuern steigen. Wer Millionen besitzt, kann Steuern legal vermeiden. Wer einen Mindestlohnjob hat, zahlt auf jeden Euro Mehrwertsteuer. Die wirtschaftlichen Verflechtungen zwischen Politik und Konzernen sorgen dafür, dass große Unternehmen direkten Einfluss auf Gesetzgebungsverfahren haben, während soziale Bewegungen für bezahlbaren Wohnraum oder höhere Löhne oft ignoriert werden.

Die Pandemie hat diese Ungleichheiten noch verstärkt. Während große Konzerne durch staatliche Hilfen und Steuererleichterungen Rekordgewinne einfuhren, gingen kleine Selbstständige reihenweise pleite. Während Homeoffice-Arbeiter pandemiebedingt auf der Couch saßen, mussten Pflegekräfte, Kassiererinnen und Logistikarbeiter weiterarbeiten – unter schlechteren Bedingungen und oft ohne angemessenen Schutz. Der Staat feierte sie als »systemrelevant«, aber an ihren Löhnen änderte sich wenig. Ich kenne Fälle von Einzelunternehmern, die während der Pandemie nicht wussten, wie sie ihre Familie ernähren sollten, bei denen die Banken fast ihre Häuser gepfändet haben, weil sie, oh Wunder, die Raten nicht mehr zahlen konnten, weil man sie zu Hause eingesperrt hat. Aber es gab ja Corona-Hilfen! Teilweise nur ein paar Hundert Euro, aber immerhin. Die werden jetzt durch die Finanzämter mit Hilfe von internationalen Großkanzleien in der Manier der spanischen Inquisition zurückgefordert, während Großkonzerne Milliarden dieser Hilfen verballert haben. Ich verstehe, wenn man deswegen, sagen wir, ein kleines bisschen frustriert ist. Das ist doch alles nicht mehr verhältnismäßig.

Das war Deutschland aber eh nie. Dieses Land funktioniert mit Schablonen, egal ob sie passen oder nicht. Regeln, Formulare, Paragrafen – emotionslos, funktionell. Wo anderswo Augenmaß oder Realität zählen, kommt hier: »Geht leider nicht.« Hinter diesem System verstecken sich viele nur allzu gern. Man muss nur die Schultern zucken, betroffen gucken und sagen: »Ich bin gebunden«, und zack, ist das Problem nicht gelöst, sondern einfach wegverwaltet. Deutsche mögen das. Es gibt ihnen Sicherheit. Und bringt: Rückschritt. Dieses Land ist abgehängt. Aber so richtig. Mich wundert die ganze Entwicklung jedenfalls nicht. Diesen Charakterzug Deutschlands habe ich nie übernommen. Es lebe der iranische Pragmatismus.

Es gibt Lösungen, aber sie sind politisch unbequem. Ein starker Sozialstaat, eine gerechtere Steuerpolitik, eine Begrenzung der Mietpreise, ein Ausbau von Bildungsgerechtigkeit – diese Maßnahmen stehen jedoch im Widerspruch zu den Interessen derer, die am Status quo verdienen. Solange wirtschaftliche Interessen Vorrang vor gesellschaftlicher Gerechtigkeit haben, bleibt soziale Spaltung bestehen. Die Politik entscheidet darüber, ob eine Gesellschaft zusammenhält oder auseinanderbricht. Und bisher fiel die Entscheidung immer wieder zugunsten derer aus, die am meisten besitzen.

Die Kluft zwischen Arm und Reich wächst nicht von selbst – sie wird durch Gesetze, Steuersysteme und wirtschaftliche Strukturen geformt. Wenn es politisch gewollt ist, dass Reiche reicher werden und Arme sich von Monat zu Monat hangeln, dann ist es ebenso möglich, diese Dynamik umzukehren. Die

Frage ist nicht, ob mehr soziale Gerechtigkeit möglich ist, sondern wer den Mut hat, sie durchzusetzen. Skandinavische Länder zeigen, dass eine gerechtere Steuerpolitik, bessere Löhne und gezielte Investitionen in Bildung den gesellschaftlichen Zusammenhalt stärken. Auch in Deutschland gibt es Initiativen, die versuchen, soziale Spaltung zu bekämpfen. Projekte wie »die Tafel«, Nachhilfeprogramme für benachteiligte Kinder oder mietpreisgebundene Wohnungsbauprojekte lindern Symptome – doch an den strukturellen Problemen ändern sie wenig.

Der erste Hebel für eine gerechtere Gesellschaft liegt in der Arbeitsmarktpolitik. Ein Mindestlohn, der tatsächlich zum Leben reicht, wäre ein Anfang. Die Erhöhung auf zwölf Euro war ein Schritt, ist aber noch weit entfernt von einem existenzsichernden Einkommen. Wissenschaftler fordern seit Jahren mindestens fünfzehn Euro, um den Abstand zur Armutsgrenze zu wahren. Doch es braucht mehr als Zahlen. Tarifbindung muss gestärkt, prekäre Beschäftigung eingedämmt und Leiharbeit stärker reguliert werden. Der Arbeitsmarkt kann kein Experimentierfeld für maximalen Profit auf Kosten der Beschäftigten bleiben.

Parallel dazu muss die Steuerpolitik reformiert werden. Während Normalverdiener jeden Euro ihres Gehalts versteuern, können Vermögende ihre Einkommen durch Kapitalerträge und Steuertricks optimieren. Eine Vermögensteuer ist deshalb längst überfällig. Eine gerechtere Erbschaftssteuer könnte verhindern, dass Wohlstand fast ausschließlich vererbt wird. Das sind übrigens Dinge, die mich unmittelbar betreffen würden, und ob man es nun glauben mag oder nicht, ich bin gar nicht besonders links eingestellt, zumindest was die Wirtschaftspolitik angeht, aber irgendwo müssen wir ansetzen, und ich weiß, dass es nicht die höhere Besteuerung von Rentnern ist.

Ein weiterer zentraler Punkt ist die Bildungspolitik. Wer gleiche Chancen verspricht, muss gleiche Bedingungen schaffen. Ein Bildungssystem, das Kinder nach der vierten Klasse selektiert und damit oft über ihren gesamten Lebensweg entscheidet – Grüße gehen raus nach 1991 an die Grundschule Heidacker in Hamburg-Eidelstedt –, ist nicht chancengleich. Kostenlose Kitas, bessere Finanzierung für Schulen in strukturschwachen Gebieten, mehr Investitionen in digitale Bildung – all das sind Maßnahmen, die langfristig verhindern, dass soziale Herkunft über Lebenswege entscheidet. Erfolgreiche Modelle gibt es bereits: In skandinavischen Ländern führt ein gerechteres Schulsystem dazu, dass der Bildungserfolg weit weniger vom Elternhaus abhängt als in Deutschland. Es gibt also Evidenzen! Ich denke mir das nicht aus!

Dann die Wohnpolitik! Sie ist einer der wichtigsten Schlüssel zur sozialen Gerechtigkeit. Während Immobilienkonzerne in Großstädten ganze Stadtviertel aufkaufen und Mieten in absurde Höhen treiben, bleiben politische Eingriffe zögerlich. Ein bundesweiter Mietendeckel könnte spekulative Mietsteigerungen begrenzen. Gleichzeitig müssen wieder verstärkt Sozialwohnungen gebaut werden – nicht innerhalb von »Wohnghettos«, sondern von durchmischten, modernen Wohnkonzepten. Städte wie Wien zeigen, wie öffentlicher Wohnungsbau eine funktionierende Alternative zur Profitmaximierung durch Wohnraumspekulation sein kann.

Auch hier gibt es schon Initiativen von unten, die zeigen, dass soziale Gerechtigkeit nicht nur eine Frage von politischen Entscheidungen, sondern auch der gesellschaftlichen Solidarität ist. Ein Projekt wie »Deutschland rundet auf«, das Kleinspenden für soziale Zwecke sammelt, oder Nachbarschaftsnetzwerke, die in benachteiligten Stadtteilen Bildungsangebote schaffen, beweisen, dass lokales Engagement viel bewirken kann. Doch freiwilliges Engagement kann kein Ersatz für strukturelle Veränderungen sein. Wer soziale Gerechtigkeit dem Ehrenamt überlässt, macht aus Armut ein individuelles Problem, das sich durch Wohltätigkeit lösen ließe. Und: Das hat alles nichts, aber auch gar nichts mit den Migranten zu tun.

Es ist jedoch von entscheidender Bedeutung, die Grenzen der kollektiven Verantwortung zu erkennen. Die Rhetorik von der gemeinsamen Verantwortung, die oft als Schlussappell in Diskussionen über gesellschaftliche Probleme verwendet wird, ignoriert die komplexen Machtstrukturen und ungleichen Ressourcenverteilungen, die unsere Gesellschaften prägen. Sie führt zur Diffusion von Verantwortlichkeit und zur Entpolitisierung von Debatten, indem sie die Verantwortung auf die individuelle Ebene verlagert und die strukturellen Ursachen von Problemen verschleiert.

Und was ist die Lösung? Nicht mehr reden, sondern handeln. Nicht mehr »uns«, sondern »die« zur Verantwortung ziehen. Wir brauchen eine Politik, die nicht nur die Reichen, sondern auch die Armen im Blick hat. Wir brauchen eine Wirtschaft, die nicht nur Profite, sondern auch Menschen zählt. Und wir brauchen eine Gesellschaft, die nicht nur »Integration«, sondern vor allem »Gerechtigkeit« auf die Fahnen schreibt. Denn die hier angeführten Lösungen haben nichts mit Integration zu tun. Wir haben hier eine tickende Zeitbombe, und die heißt nicht *Ausländer*, sondern *Ungleichheit*. Die Forderung nach einer ganzheitlichen Strategie, die auf sozialer Gerechtigkeit, Dialog, Bildung und internationaler Zusammenarbeit basiert, ist daher von zentraler Bedeutung.

Dabei ist es notwendig, die Machtstrukturen und Verantwortlichkeiten klar zu benennen und politische Entscheidungen, wirtschaftliche Rahmenbedingungen und die Handlungen von Eliten in den Fokus zu rücken. Politische Mobilisierung, strukturelle Reformen und Transparenz und Rechenschaftspflicht sind unerlässlich, um wirkliche Veränderungen zu bewirken und eine Gesellschaft zu schaffen, die auf sozialer Gerechtigkeit, ökologischer Nachhaltigkeit und demokratischer Teilhabe beruht.

Aber seien wir ehrlich, die Wahrscheinlichkeit, dass das passiert, ist bescheiden. Trotz dieser Überlegungen wird es doch viel eher so laufen, dass die gesellschaftliche Polarisierung in den kommenden Jahren weiter zunimmt und populistische und extremistische Kräfte an Einfluss gewinnen werden. Die globalen Herausforderungen des Klimawandels, der Migration und der wirtschaftlichen Ungleichheit werden die Instabilität weiter verstärken und die demokratischen Institutionen auf die Probe stellen. Die fortschreitende Digitalisierung wird die Arbeitswelt und die Gesellschaft weiter tiefgreifend verändern und die Ungleichheit weiter verschärfen. Und alles, was wir kriegen, ist noch mehr von diesem »Weiter so«-Mist, bis die Hütte komplett abbrennt. Und dann stehen wir da, gucken uns die Trümmer an und fragen uns, wie es so weit kommen konnte. Aber dann ist es zu spät, Freunde. Dann hilft auch kein »Wir alle sind verantwortlich« mehr. Dann heißt es nur noch: »Selber schuld!«

Das Ende einer Demokratie ist ein langsamer Prozess, der sich unaufhaltsam in den Alltag einschleicht, der unterschwellig in irgendwelchen Ausschüssen passiert, wo Dinge beschlossen werden, von denen eigentlich keiner mehr weiß warum, in hitzigen Talkshows, in anonymen Kommentarspalten des Internets.

- Sie stirbt, wenn Autoritären nicht mehr widersprochen wird, wenn ihre simplen, oft auf Angst und Vorurteilen basierenden Antworten auf komplexe gesellschaftliche Fragen unwidersprochen im Raum stehen bleiben und sich so nach und nach als vermeintliche Wahrheiten im öffentlichen Diskurs festsetzen.
- Sie stirbt, wenn Richter bedroht, in ihrer Unabhängigkeit eingeschränkt und diffamiert werden, wenn Bürgermeister und andere Kommunalpolitiker angegriffen, eingeschüchtert und in ihrer Arbeit behindert werden.
- Sie stirbt, wenn Fakten, die das eigene Weltbild infrage stellen, bewusst zur bloßen Meinung erklärt werden. Wenn der fundamentale Unterschied zwischen belegbaren Tatsachen und subjektiven Ansichten bewusst verwischt wird, sodass man sich nicht mehr rational damit auseinandersetzen kann.
- Sie stirbt, wenn Gleichgültigkeit lauter wird als die dringend notwendige Empörung über Ungerechtigkeiten, über Angriffe auf demokratische Grundwerte und über die Missachtung von Menschenrechten.
- Sie stirbt, wenn eine schweigende Mehrheit zusieht, wie die Rechte von Minderheiten systematisch beschnitten werden.
- Sie stirbt nicht zuletzt, wenn wir uns allmählich daran gewöhnen, dass der demokratische Konsens, das Fundament des friedlichen Zusammenlebens, permanent infrage steht; wenn die Vereinbarungen, die das Zusammenleben in einer Demokratie überhaupt erst ermöglichen, kontinuierlich infrage gestellt und als überholt, naiv oder gar schädlich dargestellt werden, wenn also die Basis für eine gemeinsame Verständigung und ein konstruktives Miteinander erodiert.

Dieser langsame Prozess der Aushöhlung demokratischer Strukturen und Werte ist nicht unmittelbar zu erkennen, seine langfristigen Auswirkungen auf die Stabilität und Funktionsfähigkeit einer Gesellschaft sind jedoch umso verheerender und potenziell irreversibel. Dann heißt es: Freiheit, ade.

Die in diesem Buch skizzierten Ereignisse der vergangenen Jahre stellen keine vorübergehende Krise dar, die sich von selbst wieder lösen wird oder als bloße Episode abgetan werden kann. Sie waren vielmehr ein umfassender, ein gnadenloser Stresstest für unser Land: für die etablierten politischen Institutionen, für die traditionellen politischen Parteien, für die unabhängige und vielfältige Medienlandschaft und für die Zivilgesellschaft als Ganzes, die das Rückgrat einer lebendigen Demokratie bildet.

Das Ergebnis dieses Stresstests ist in vielerlei Hinsicht ernüchternd und alarmierend. Rechte, Populisten und Demokratieverächter haben in erschreckender Deutlichkeit begriffen, wie man unser System von innen heraus aushöhlt, ohne auf offene Gewalt, einen gewaltsamen Umsturz oder die Missachtung formaler Regeln zurückgreifen zu müssen. Ihre Strategie ist subtiler, perfider und gerade deshalb so wirkungsvoll und gefährlich: Sie setzen nicht auf die unmittelbare Zerstörung des Systems, sondern auf eine langsame, aber stetige und systematische Erosion seiner Grundfesten – mit einer klar definierten Strategie, einem langfristigen Plan und bemerkenswerter Geduld. Spätestens, allerspätestens seit dem Treffen rechtsradikaler Kräfte in Potsdam wissen wir, dass da ein Masterplan für Deutschland dahintersteckt.

Die Methode, die dabei angewandt wird, wiederholt sich in verschiedenen politischen Kontexten und Ländern auf beunruhigende Weise: Zuerst wird systematisch und gezielt gezweifelt.

An der Seriosität und Objektivität der wissenschaftlichen Erkenntnisse, an der Unabhängigkeit und Integrität der Justiz, an der Glaubwürdigkeit und Wahrhaftigkeit der etablierten Presse und anderer unabhängiger Medien. Dann folgt die Phase der Delegitimierung, in der die demokratischen Institutionen und ihre Repräsentanten bewusst und öffentlich diskreditiert, herabgewürdigt und verunglimpft werden, mit dem Ziel, das Vertrauen der Bevölkerung in sie nachhaltig zu erschüttern. Politiker, die sich für den demokratischen Konsens einsetzen und versuchen, unterschiedliche Perspektiven zu vereinen, gelten in dieser verdrehten Logik schnell als korrupte und abgehobene »Systemlinge« (manchmal werden sie auch einfach auf ihrer Veranda erschossen), unabhängige Gerichte werden pauschal als »Gesinnungsjustiz« verunglimpft, die angeblich nur im Sinne einer bestimmten politischen Ideologie urteilt, und der öffentlich-rechtliche Rundfunk wird pauschal als staatliche »Propagandamaschine« diffamiert, die angeblich nur die Interessen der herrschenden »Elite« vertritt und die Bevölkerung mit falschen Informationen manipuliert.

Die Medien sind nicht umsonst der Bereich, wo als Erstes vermeintliche Alternativen geschaffen werden, mit dem Ziel, eine eigene Realität zu konstruieren: dubiose und oft extremistische *YouTube*-Kanäle, *Telegram*-Gruppen voller Verschwörungserzählungen, AfD-nahe Verlage und Online-Kanäle, die ungefiltert und unkritisch die demokratieverachtende Ideologie verbreiten und eine verzerrte Sicht auf die Welt propagieren. Am Ende dieses perfiden Prozesses steht ein fragmentiertes und verzerrtes alternatives Wirklichkeitskonstrukt, in dem die demokratischen Institutionen und Prozesse nur noch als leere und bedeutungslose Kulisse dienen, während die eigentliche Macht und Meinungsbildung in intransparenten, schwer nachvollziehbaren und oft von extremistischen Ideologien geprägten Netzwerken stattfindet.

Diese Strategie der schleichenden Aushöhlung der Demokratie ist keineswegs neu oder originell, sondern hat in der jüngsten Vergangenheit bereits mehrfach verheerende Folgen gehabt. Viktor Orbán in Ungarn und Donald Trump in den USA – um nur zwei Beispiele zu nennen – haben es auf erschreckende Weise vorgeführt.

Die Angriffe auf die Demokratie erfolgen oft in einer rhetorisch geschickt verpackten Sprache, die auf den ersten Blick harmlos oder sogar positiv und erstrebenswert erscheinen mag, aber bei genauerer Betrachtung ihre wahren, oftmals zutiefst antidemokratischen Absichten offenbart. Wenn beispielsweise ein führender Parteivorsitzender öffentlichkeitswirksam die »Meinungsfreiheit zurückerobern« will, meint er in der Regel nicht die Förderung einer vielfältigen und offenen Debattenkultur, in der unterschiedliche Perspektiven gleichberechtigt ihren Platz finden, sondern vielmehr die Durchsetzung der eigenen extremen Meinung und die Dominanz des eigenen ideologischen Narrativs, während Andersdenkende, Kritiker und Minderheiten mundtot gemacht und aus dem öffentlichen Diskurs verdrängt werden sollen. Wenn in politischen Debatten offen und immer häufiger von »Remigration« gesprochen wird, ist damit in den seltensten Fällen eine geordnete und freiwillige Rückkehr von Menschen ohne gesicherten Aufenthaltsstatus gemeint, sondern vielmehr die massenhafte und gewaltsame Vertreibung von Millionen von Menschen mit Migrationsgeschichte, auch wenn diese längst in Deutschland integriert sind, hier arbeiten, Steuern zahlen, Familien gegründet haben und einen festen und unverzichtbaren Platz in der Gesellschaft einnehmen. Wenn Politiker populistischer Parteien gebetsmühlenartig fordern, man müsse »endlich wieder sagen dürfen, was man denkt«, meinen sie damit in Wirklichkeit, dass bestimmte extremistische, rassistische, fremdenfeindliche oder diskriminierende Meinungen, die in einer demokratischen Gesellschaft zu Recht geächtet sind, in der öffentlichen Debatte wieder salonfähig gemacht und normalisiert werden sollen. Es handelt sich dabei nicht um zufällige Entgleisungen, sondern um eine bewusst und strategisch eingesetzte Methode mit dem Ziel, die Grenzen des Sagbaren immer weiter nach rechts zu verschieben und autoritäre oder extremistische Positionen in der öffentlichen Wahrnehmung zu normalisieren und zu legitimieren. Da reicht es dann eben nicht mehr, zu sagen: Das ist doch absurd! Dann ist es zu spät für Empörung.

Besonders stark unter Druck gerät in diesem gefährlichen Prozess die unabhängige Justiz, die eine zentrale und unverzichtbare Rolle bei der Wahrung der Rechtsstaatlichkeit, der Sicherung der Grundrechte und der effektiven Kontrolle der Regierung und anderer staatlicher Akteure spielt. Richterinnen und Richter, die Urteile fällen, die im Einklang mit geltendem Recht stehen, aber nicht der politischen Agenda populistischer Kräfte entsprechen oder deren ideologischen Überzeugungen entgegenstehen, werden öffentlich an den Pranger gestellt, in den sozialen Medien aufs Übelste diffamiert, mit Hassbotschaften überzogen und in einigen Fällen sogar direkt bedroht. Der gesamte Rechtsstaat wird systematisch als »links« diffamiert, um das Vertrauen der Bevölkerung in seine Unparteilichkeit, Objektivität und Integrität zu untergraben und den Eindruck zu erwecken, die Justiz sei nicht dem Recht, sondern politischen Haltungen verpflichtet. In der öffentlichen Wahrnehmung entsteht so ein gefährliches und verzerrtes Bild, in dem Gerechtigkeit nicht mehr als neutral und objektiv, sondern als parteiisch und ideologisch motiviert erscheint, in dem richterliche Urteile nicht mehr als Ergebnis einer unabhängigen Rechtsfindung, sondern als politisch beeinflusst und als bloße Meinungsäußerungen interpretiert werden. Ziel erreicht, Strategie erfolgreich: Das Vertrauen der Bürgerinnen und Bürger in die Neutralität und Unabhängigkeit der Gerichte bröckelt dadurch zusehends – und mit ihm ein fundamentaler Grundpfeiler jeder funktionierenden und stabilen Demokratie.

Das andere Extrem erleben wir gerade in den USA: Hier wird das Oberste Gericht einfach mit Leuten besetzt, die system-, also Trump-konform denken und urteilen. Bei uns ist es (noch) nicht so weit. Aber die wichtige und notwendige konsequente Strafverfolgung rechter Netzwerke und extremistischer Straftaten, die eine ernste Gefahr für die Demokratie darstellen, verläuft dennoch oft schleppend, ist von mangelnder Transparenz geprägt und wird von Betroffenen, zivilgesellschaftlichen Organisationen und kritischen Beobachtern als unzureichend und ineffektiv kritisiert.

Auch die Legislative, das Parlament als zentraler Ort der öffentlichen Debatte, des demokratischen Austauschs unterschiedlicher Meinungen und der parlamentarischen Kontrolle der Regierung, ist von diesen antidemokratischen Entwicklungen stark betroffen. Populistische Parteien beziehungsweise ihre Abgeordneten nutzen diesen Ort selten als Forum für konstruktive politische Auseinandersetzung und die Suche nach gemeinsamen Lösungen, sondern vor allem als Bühne für gezielte Provokationen, die Inszenierung von Skandalen und die Verbreitung von Hassreden. Sie sabotieren bewusst wichtige Debatten durch Störaktionen, polemische Zwischenrufe und die Verletzung parlamentarischer Gepflogenheiten, filmen heimlich interne Absprachen und verbreiten diese in den sozialen Medien, um Misstrauen und Konflikte zu säen, und sie provozieren gezielt Eklats und Ordnungsrufe, um maximale mediale Aufmerksamkeit und negative Schlagzeilen zu generieren. Gleichzeitig stilisieren sie sich in der Öffentlichkeit als unschuldige Opfer einer vermeintlich »gleichgeschalteten« Medienlandschaft und eines »undemokratischen« politischen Establishments. Die eigentliche Funktion des Parlaments als Ort der rationalen, faktenbasierten und lösungsorientierten Auseinandersetzung verkommt so immer mehr zu einem reinen Spektakel, das das Vertrauen der Bevölkerung in die politische Willensbildung und die Fähigkeit der Demokratie, Probleme zu lösen, weiter untergräbt und die politische Polarisierung in der Gesellschaft vorantreibt.

Besonders perfide und auf lange Sicht extrem gefährlich ist die Angriffsstrategie auf die Demokratie auf kommunaler Ebene. Dort, wo die Demokratie für die Bürgerinnen und Bürger am greifbarsten und erfahrbarsten ist, in den Städten, Gemeinden und Landkreisen, ist sie gleichzeitig auch am verletzlichsten und am stärksten Anfeindungen und Bedrohungen ausgesetzt. Bürgermeister, Landräte, Gemeinderäte – die sich oft ehrenamtlich oder für ein geringes Gehalt für das Gemeinwohl engagieren – stehen unter einem wachsenden und oft unerträglichen Druck. Sie und nicht selten auch ihre Familien werden bedroht, in den sozialen Medien aufs Übelste beleidigt, verleumdet und mit Hassbotschaften überzogen, ja sogar körperlich angegriffen. Die unmittelbare Folge dieser besorgniserregenden Entwicklung ist, dass immer mehr engagierte und integre Kommunalpolitiker ihr Amt vorzeitig aufgeben, weil sie sich von der etablierten Politik und der Gesellschaft im Stich gelassen fühlen, weil der notwendige Schutz und die Solidarität fehlen und weil die psychische Belastung und die wachsende

Angst vor weiterer Eskalation für sie und ihre Familien unerträglich geworden sind. So wird auf leise, aber äußerst effektive Weise das Fundament unserer Demokratie – die kommunale Selbstverwaltung und das unersetzliche ehrenamtliche Engagement – Stück für Stück ausgehöhlt, was langfristig die Funktionsfähigkeit der Demokratie gefährdet.

Und was tut der Staat, um dieser gefährlichen Entwicklung entschieden entgegenzuwirken und die Demokratie zu schützen? Oft viel zu wenig, und wenn er etwas tut, dann zu zögerlich oder viel zu spät. Der Verfassungsschutz, dessen primäre Aufgabe es eigentlich wäre, frühzeitig Gefahren für die freiheitliche demokratische Grundordnung zu erkennen, zu analysieren und öffentlich zu benennen, reagiert in vielen Fällen zu langsam, zu defensiv und zu spät auf die wachsende Bedrohung durch Rechtsextremismus und andere antidemokratische Kräfte. Die Polizeibehörden sind chronisch unterbesetzt, was die effektive Bekämpfung rechtsextremer Bedrohungen und die konsequente Verfolgung von Hasskriminalität erschwert. Nicht zuletzt werden innerhalb der politischen Debatte die vermeintlichen Gefahren von links nicht selten auf eine Stufe gestellt mit den Bedrohungen von rechts, was die Dringlichkeit, Rechtsextremismus zu bekämpfen, zunichtemacht.

Warnungen und Mahnungen von unabhängigen Stimmen sowie von zivilgesellschaftlichen Organisationen, die seit Jahren eindringlich auf diese besorgniserregenden Entwicklungen aufmerksam machen und konkrete Maßnahmen fordern, verhallen in der lauten Kakophonie der populistischen Agitation oft ungehört oder werden von bestimmten politischen Akteuren bewusst ignoriert und bagatellisiert. Dabei wäre genau jetzt der entscheidende und überfällige Moment, entschlossen, konsequent und mit aller Kraft zu handeln.

Denn Demokratie braucht aktive und mutige Verteidiger auf allen Ebenen der Gesellschaft. Nicht nur in den Parlamenten und Regierungen, sondern vor allem auch im Alltag, im Freundeskreis, am Arbeitsplatz und in den sozialen Medien. Sie braucht Menschen, die den Mut haben, laut und deutlich zu widersprechen, wenn autoritäre und menschenverachtende Rede zur neuen Normalität zu werden droht und wenn demokratische Grundwerte mit Füßen getreten werden. Sie braucht engagierte Lehrer, die kritisches Denken, Medienkompetenz und ein tiefes Verständnis für demokratische Prinzipien und Werte bei ihren Schülern fördern und ihnen die Bedeutung einer offenen, vielfältigen und toleranten Gesellschaft vermitteln. Sie braucht unabhängige und investigative Journalisten, die Fakten gründlich recherchieren, Falschinformationen aufdecken und nicht vor unbequemen Wahrheiten zurückschrecken. Sie braucht Kreative, die durch ihre Werke Irritation erzeugen, zum kritischen Nachdenken anregen und die Vielfalt der Meinungen und Lebensweisen in einer Demokratie widerspiegeln. Und sie braucht starke und unabhängige Institutionen, die Rückgrat zeigen und ihre Unabhängigkeit auch gegen den vermeintlichen Zeitgeist, gegen politischen Druck und gegen die Angriffe von Demokratiefeinden verteidigen.

Denn: Die größte und vielleicht am meisten unterschätzte Gefahr für die Demokratie geht von der zunehmenden Gleichgültigkeit breiter Bevölkerungsschichten aus. Von deren unkritischem Abnicken autoritärer Tendenzen, deren Schulterzucken angesichts von immer dreisteren Angriffen auf demokratische Grundwerte, deren wachsender Politikmüdigkeit, Resignation und Ohnmachtsgefühle, vor allem aber von der naiven, aber gefährlichen Idee, es werde schon irgendwie nicht so schlimm werden und man selbst sei ja nicht direkt betroffen. Dabei ist längst auf beunruhigende Weise sichtbar, wie gefährlich der aktuelle Trend ist und welche verheerenden und möglicherweise irreversiblen Folgen er für unsere Gesellschaft und zukünftige Generationen haben kann. Es ist kein Zufall, dass autoritäre und populistische Parteien in vielen Ländern Europas und weltweit erstarken, dass rechtsextreme und nationalistische Gruppen Wahlerfolge erzielen.

Wer heute noch glaubt, unsere Demokratie in Deutschland sei unverwundbar und könne sich selbst erhalten, der täuscht sich gewaltig. Denn die Demokratie gedeiht nicht aus sich selbst heraus, sondern dank des unermüdlichen Engagements der Menschen, die in ihr leben, dank ihrer ständigen Wachsamkeit gegenüber antidemokratischen Tendenzen und dank des Muts jedes Einzelnen, unbequem zu bleiben, seine Stimme zu erheben und für die grundlegenden Werte unserer Demokratie einzustehen.

Viele haben bereits erkannt, dass es so nicht weitergeht. Dass man sich nicht zurücklehnen kann, wenn die Demokratie brennt. Ihr geht auf die Straße. Ihr demonstriert. Ihr wählt. Ihr seid laut. Ich habe es nach Potsdam selbst miterlebt. Millionen in ganz Deutschland. Das ist Widerstand. Und es ist möglich. Aber ich frage mich ganz ehrlich: Wie lange noch? Wie lange halten wir durch, wenn der Hass lauter wird, wenn die Lügen überhandnehmen, wenn das Gefühl wächst, wir seien zu wenige? Ich bin überzeugt, dass wir nicht aufhören dürfen. Nicht jetzt. Nicht irgendwann. Denn wer heute laut bleibt, gibt morgen anderen den Mut, nicht zu schweigen.

Eine kurze To-do-Liste – zur Rettung der Nation

In Mathieu Kassovitz' bahnbrechendem Film *La Haine* (*Hass*) fällt ein junger Mann namens Saïd von einem Hochhaus. Während er unaufhaltsam in die Tiefe stürzt, sagt er sich immer wieder mantraartig: »Bis hierher ging alles gut«, während der Boden Stockwerk für Stockwerk näher kommt. Der tragische Fall endet aber nicht mit dem ohrenbetäubenden Aufprall auf dem harten Asphalt, sondern mit der beunruhigenden Stille davor. Mit dem trügerischen Moment, in dem für den Fallenden noch alles möglich erscheint – und doch in Wirklichkeit schon alles zu spät ist: Der tödliche Aufprall ist nicht mehr zu verhindern.

Deutschland befindet sich gegenwärtig genau in dieser Lage. Ein Sturzflug in eine ungewisse Zukunft, begleitet von globalen Krisen und internen Spannungen. Und wie der Protagonist in Kassovitz' Film sagen wir uns womöglich insgeheim: »Bis hierher ging alles gut.« Wir klammern uns an die vage Hoffnung, dass sich die Probleme von selbst lösen werden, dass der Boden auf magische Weise verschwindet oder dass sich doch noch ein rettender Fallschirm auftut. Dabei wissen wir tief im Inneren: Der Aufprall wird hart sein. Und er könnte für unsere Gesellschaft endgültig sein, wenn wir nicht rechtzeitig gegensteuern.

Sind wir noch zu retten? Ich weiß es nicht. Ich glaube: Ja. Aber nur wenn wir unsere Situation verstehen und daraus die richtigen Schlüsse ziehen. Die kommenden ein bis zwei Jahrzehnte werden dabei von entscheidender Bedeutung sein und darüber befinden, in welche Richtung sich Deutschland als Gesellschaft entwickeln, welche Werte es in Zukunft verkörpern und welche Rolle es in einer sich dramatisch verändernden Welt spielen wird.

Die Welt dreht sich derzeit mit einer Geschwindigkeit, die viele Menschen in Atemnot versetzt und ihnen nicht die Möglichkeit bietet, die komplexen Gegebenheiten in ihrer Gänze zu erfassen. Vier große, miteinander eng verwobene Herausforderungen zeichnen sich besonders deutlich ab und erfordern dringendes, entschlossenes und vor allem gemeinsames Handeln, um den drohenden Aufprall abzufedern und eine positive Zukunft zu gestalten:

Demografischer Wandel

Die deutsche Gesellschaft wird immer älter, die Geburtenraten sind anhaltend niedrig, und die Zahl der Menschen im erwerbsfähigen Alter sinkt kontinuierlich. Dieser tiefgreifende demografische Wandel führt bereits jetzt zu einem gravierenden Fachkräftemangel in zahlreichen Schlüsselbranchen, verschärft die ohnehin schon angespannte Situation in der Pflege und führt zur Ausdünnung und zum wirtschaftlichen Niedergang vieler ländlicher Regionen, was die soziale Infrastruktur weiter belastet. Diese Entwicklungen verlangen nach neuen, innovativen und umfassenden Konzepten, um die Zukunftsfähigkeit des Landes zu sichern und den sozialen Zusammenhalt zu gewährleisten. Dabei ist Migration nicht die Ursache des Problems, wie oft fälschlicherweise behauptet wird, sondern vielmehr ein integraler und unverzichtbarer Teil der Lösung. Nur so kann der akute Fachkräftemangel bekämpft, können die sozialen Sicherungssysteme langfristig stabilisiert und die Innovationskraft und Wettbewerbsfähigkeit der deutschen Wirtschaft erhalten werden.

Klimakrise

Der Klimawandel ist zweifellos eine der größten globalen Herausforderungen unserer Zeit. Extremwetterereignisse wie verheerende Dürren, extreme Hitzewellen, immer häufiger auftretende Starkregenereignisse und steigende Meeresspiegel nehmen bereits jetzt dramatisch zu und bedrohen nicht nur die Umwelt, sondern auch die wirtschaftliche Stabilität und die Lebensqualität der Menschen. Die Zahl der Menschen, die aufgrund der Folgen des Klimawandels ihre Heimat verlassen müssen (Klimaflüchtlinge), wird in den kommenden Jahrzehnten weltweit dramatisch ansteigen. Deutschland muss daher radikal und ohne Zögern umsteuern, sowohl technologisch durch den massiven und beschleunigten Ausbau erneuerbarer Energien, die Förderung von grünen Technologien und die Entwicklung innovativer Lösungen als auch politisch durch die konsequente Umsetzung ambitionierter und verbindlicher Klimaschutzmaßnahmen auf nationaler, europäischer und internationaler Ebene.

Gleichzeitig muss Deutschland global denken und handeln – ohne moralischen Hochmut, aber mit einem klaren Bewusstsein seiner historischen Verantwortung für den Klimawandel und für die Notwendigkeit, eine Vorreiterrolle bei der Bewältigung dieser globalen Krise einzunehmen.

Digitalisierung

Die digitale Transformation hat längst alle Lebensbereiche erfasst und verändert unsere Gesellschaft in einem rasanten Tempo. Doch die politische und gesellschaftliche Gestaltung dieser tiefgreifenden Veränderungen hinkt weit hinterher, was zu neuen Ungleichheiten und Herausforderungen führt. Fragen nach Datenschutz und Datensicherheit, der fairen Regulierung der großen Online-Plattformen, der Sicherstellung einer hochwertigen digitalen Bildung für alle Bürger und der Gewährleistung umfassender digitaler Teilhabe, um niemanden zurückzulassen, sind noch lange nicht abschließend und zufriedenstellend gelöst. Wer hier zögert, wer die immensen Chancen und potenziellen Risiken der Digitalisierung nicht aktiv, vorausschauend und im Sinne des Gemeinwohls gestaltet, der wird in der Zukunft den Anschluss an die technologische Entwicklung verlieren, seine Wettbewerbsfähigkeit einbüßen und soziale Spaltungen weiter vertiefen.

Geopolitik und Sicherheitslage

Die globale politische Ordnung ist zunehmend instabil, fragmentiert und von wachsenden Spannungen und Konflikten geprägt. Autokratische und nationalistische Regime erstarken in vielen Teilen der Welt, die internationale Ordnung gerät immer stärker unter Druck, und die transatlantische Partnerschaft und die NATO gewinnen angesichts neuer Bedrohungen und der Rückkehr des Krieges nach Europa wieder an zentraler Bedeutung für die Sicherheit Deutschlands und seiner Verbündeten. Europa ringt weiterhin darum, mit einer gemeinsamen und kohärenten Stimme in der Welt zu sprechen und seine Interessen effektiv zu vertreten. Deutschland muss in diesem komplexen und sich schnell verändernden globalen Umfeld lernen, außenpolitisch mehr Verantwortung zu übernehmen, eine aktive und gestaltende Rolle bei der Bewältigung internationaler Krisen und Konflikte zu spielen und seine Verteidigungsfähigkeit zu stärken – ohne dabei seine eigenen demokratischen Werte und Prinzipien zu verraten oder sich in gefährliche Abhängigkeiten von autoritären Staaten zu begeben.

Die skizzierten Herausforderungen sind zweifellos gewaltig – aber sie sind keineswegs unüberwindbar. Und sie bieten immense Chancen für Innovation, technologischen Fortschritt, wirtschaftliches Wachstum und eine positive Weiterentwicklung der Gesellschaft hin zu mehr Nachhaltigkeit, Gerechtigkeit und Teilhabe. Wenn man die Herausforderungen ernst nimmt, wenn man die vielfältigen Perspektiven, das Wissen und die Kreativität der gesamten Bevölkerung aktiv einbindet und wenn man neue und tragfähige Allianzen knüpft – zwischen Politik, Wissenschaft, Zivilgesellschaft, Wirtschaft und Kultur –, dann kann Deutschland diese tiefgreifende Transformation erfolgreich gestalten und seine Zukunftsfähigkeit langfristig sichern. Die Zukunft ist kein vorbestimmtes Naturgesetz, sondern vielmehr das Ergebnis von Entscheidungen, die wir heute treffen und die wir gemeinsam gestalten müssen.

Deutschland muss seine Rolle in der Welt selbstkritisch neu verhandeln, neu definieren und dabei seinen inneren Zusammenhalt bewahren. Oder besser gesagt: wiedergewinnen. Wer sind wir als Nation, wer wollen wir sein, wenn alles ins Wanken gerät. Welche Werte wollen wir vertreten, welche Ziele wollen wir als Gesellschaft verfolgen? Und wer darf überhaupt mitentscheiden, wie diese Fragen beantwortet werden? Mitentscheiden, welche Vision von Deutschland sich am Ende durchsetzt und wer darin seinen Platz findet?

Die Frage nach einer zukunftsfähigen Identität Deutschlands ist nicht neu. Sie hat das Land seit seiner Gründung und den aus den Grauen des Nationalsozialismus gewonnenen Prinzipien (»Nie wieder!«) stets beschäftigt und herausgefordert. Sie war aber angesichts der gegenwärtigen globalen Umbrüche noch nie so dringlich, noch nie so komplex und noch nie von so großer Tragweite. Lange konnten wir einer eindeutigen Beantwortung auch aus dem Weg gehen, oder besser gesagt: die Frage und die mit ihr verbundenen Schwierigkeiten mit einem Lack übertünchen, bestehend aus einer beeindruckenden Wirtschaftsleistung (»Exportweltmeister«), einer kurzzeitig simulierten Integration (etwa durch das sogenannte »Sommermärchen«) und einer selektiven Erinnerungsrhetorik, die gewisse Aspekte der Vergangenheit heroisierte, andere, dunklere Kapitel aber lieber ausblendete oder marginalisierte. Nun aber drängt sich die Identitätsfrage mit unerbittlicher Wucht auf.

Und wir können ihr auch deshalb nicht länger aus dem Weg gehen, weil die Frage unmittelbar verbunden ist mit einer tiefgreifenden Unsicherheit innerhalb der Gesellschaft und weil rechte und nationalistische Kräfte diese gezielt instrumentalisieren und für ihre eigenen politischen Zwecke ausnutzen (wie wir wissen, nicht selten verstärkt von sensationslüsternen und polarisierenden Medien).

Die etablierte Politik verwaltet diese Unsicherheit häufig nur, dabei könnte gerade sie ihr aktiv und visionär begegnen. Denn Identität ist keineswegs etwas Starres, Unveränderliches oder gar biologisch Determiniertes. Sie ist gestaltbar, formbar und in ständigem Wandel begriffen, das Ergebnis eines fortlaufenden und oft konfliktreichen Aushandlungsprozesses zwischen verschiedenen gesellschaftlichen Gruppen, ihren unterschiedlichen Interessen und ihren vielfältigen Perspektiven. Und genau in dieser Erkenntnis liegt die große und vielleicht letzte Chance für Deutschland, seine Zukunft bewusst, selbstbestimmt und im Sinne einer offenen und inklusiven Gesellschaft zu gestalten.

Die Welt ist in den letzten Jahrzehnten durch die fortschreitende Globalisierung und die damit einhergehende technologische Revolution immer enger zusammengewachsen – nationale Grenzen sind durchlässiger geworden, globale Märkte haben sich geöffnet, und die unterschiedlichen Kulturen sind sich durch den intensiven und permanenten Austausch von Informationen, Ideen und Menschen nähergekommen. Aber paradoxerweise ist gleichzeitig die Angst vor dem Fremden, vor dem Unbekannten und vor dem Verlust des Vertrauten in vielen Teilen der Gesellschaft geblieben oder sogar gewachsen. Bei vielen Menschen herrschen eine tiefgreifende Verunsicherung und das Gefühl, die Kontrolle über ihr eigenes Leben, ihre kulturelle Identität und ihre vertraute soziale Ordnung zu verlieren. Wer sich in einer vollständig globalisierten und individualisierten Welt nicht mehr primär über traditionelle Kategorien wie ethnische Herkunft, gemeinsame Sprache oder eine vermeintlich homogene Nationalkultur definieren kann, sucht verständlicherweise nach neuen Formen der Sicherheit, Orientierung und Zugehörigkeit, um dem Gefühl der Entwurzelung entgegenzuwirken. Der Nationalismus, man kann es gar nicht oft genug wiederholen, präsentiert sich in dieser Situation oft als eine trügerische Lösung, da er Halt und Stabilität verspricht, eine einfache und vermeintlich natürliche Ordnung suggeriert und Klarheit und Eindeutigkeit bietet. Doch dieses rückwärtsgewandte Ignorieren der Realität ist letztendlich zum Scheitern verurteilt.

Deutschland kann sich in einer globalisierten und vernetzten Welt nicht abschotten, weder ökonomisch durch die Einführung von protektionistischen Maßnahmen noch gesellschaftlich durch den Stopp von Migration und kulturellem Austausch.

Die deutsche Gesellschaft wird unweigerlich bunter, jünger und digitaler werden – oder sie wird überaltern, sich in sich selbst zurückziehen, an Innovationskraft und Wettbewerbsfähigkeit verlieren und letztendlich in eine Phase des wirtschaftlichen und sozialen Niedergangs eintreten. Deshalb steht Deutschland heute vor einer entscheidenden Wahl: Gestalten wir den notwendigen und unaufhaltsamen Wandel aktiv, gestalten wir ihn inklusiv, zukunftsorientiert und im Sinne einer offenen und vielfältigen Gesellschaft – oder überlassen wir die Deutungshoheit über unsere Identität und die Gestaltung der Zukunft denjenigen reaktionären Kräften, die auf Spaltung, Ausgrenzung, die Verbreitung von Angst und die Wiederbelebung überkommener nationalistischer Ideologien setzen?

Kulturelle Konflikte und unterschiedliche Meinungen über

die zukünftige Ausrichtung der Gesellschaft sind in einer vielfältigen und lebendigen Demokratie nicht nur unvermeidbar, sondern sogar ein notwendiges und oft produktives Zeichen von Lebendigkeit, Offenheit und dem Ringen um die beste Lösung. Aber diese Konflikte sind grundsätzlich verhandelbar und können im Rahmen eines offenen und respektvollen demokratischen Diskurses konstruktiv ausgetragen werden und im Idealfall sogar zu neuen, tragfähigen Kompromissen führen. Wenn Vielfalt in all ihren Dimensionen – sei es kultureller, religiöser, sexueller, sozialer, ethnischer oder weltanschaulicher Natur – als eine unschätzbare Bereicherung für die gesamte Gesellschaft verstanden und von allen Akteuren wertgeschätzt wird, können sich neue und innovative Formen des Zusammenlebens entwickeln, die den komplexen Herausforderungen der modernen, globalisierten Welt besser gewachsen sind und die Potenziale aller Bürger optimal zur Entfaltung bringen. Dies erfordert jedoch eine hohe Diskursfähigkeit aller Beteiligten, die Bereitschaft zum Zuhören und zum Perspektivwechsel, eine grundlegende institutionelle Offenheit für neue Ideen und Perspektiven sowie mutige und visionäre politische Konzepte, die über kurzfristige Wahlerfolge hinausgehen und das langfristige Wohl der gesamten Gesellschaft im Blick haben. Wer dagegen stur auf Abschottung, die Konstruktion einer vermeintlich homogenen und reinen kulturellen Identität und die aggressive Abgrenzung von allem »Fremden« setzt, der verliert nicht nur den Anschluss an die komplexe und vielfältige Gegenwart. Vielmehr verspielt er auch die immensen Chancen einer globalisierten und kulturell reichen Zukunft und riskiert, dass Deutschland in einer zunehmend vernetzten Welt an Bedeutung verliert.

Deutschland ist ein Land mit einer reichen und oft widersprüchlichen Geschichte – und das gilt es zu nutzen. Die kritische und differenzierte Erinnerung an die Vergangenheit, insbesondere an die dunkelsten Kapitel des 20. Jahrhunderts, ist essenziell für ein tiefes Verständnis der Gegenwart und für die verantwortungsvolle Gestaltung einer besseren Zukunft. Aber Erinnerung allein darf niemals ein bequemer Ersatz für aktives Gestalten sein. Geschichte muss uns Verantwortung stiften, uns mahnen, uns Orientierung geben und uns vor den Fehlern der Vergangenheit bewahren, aber sie darf uns nicht in einer passiven Haltung, in Lähmung oder in einer nostalgischen Verklärung der Vergangenheit gefangen halten. Die Lehren aus dem 20. Jahrhundert sind klar, eindringlich und unmissverständlich: Demokratie braucht aktive Wehrhaftigkeit gegen ihre zahlreichen Feinde, die sich in immer neuen Gewändern präsentieren. Vielfalt braucht konsequenten Schutz vor Diskriminierung, Ausgrenzung und Hass. Und Aufklärung, Vernunft und wissenschaftliche Erkenntnisse brauchen Mut, um sich gegen Ideologie, Verschwörungserzählungen und die Verführung durch einfache, aber falsche Antworten durchzusetzen.

Kunst und Kultur spielen in diesem entscheidenden Prozess eine Schlüsselrolle, die oft unterschätzt wird. Sie sind wie sensible Seismografen, die gesellschaftliche Veränderungen, unterschwellige Stimmungen und aufkommende Konflikte frühzeitig erkennen, anzeigen und auf eine Weise thematisieren, die rationale Analysen oft nicht erreichen. Gleichzeitig dienen sie als wichtige und kreative Projektionsflächen für Zukunftsvisionen, alternative Lebensentwürfe und die Aushandlung neuer gesellschaftlicher Normen. Sie eröffnen uns neue und oft überraschende Perspektiven auf uns selbst und die Welt, hinterfragen vermeintliche Selbstverständlichkeiten und tief verwurzelte Normen, provozieren notwendige Debatten über strittige Themen und regen uns auf vielfältige Weise zum kritischen Nachdenken über uns selbst und unsere Gesellschaft an.

Wer die Freiheit der Kunst beschneiden, ihre kritische Funktion unterdrücken oder sie für ideologische Zwecke instrumentalisieren will, der will letztendlich die Meinungsfreiheit einschränken, die Vielfalt der Perspektiven unterdrücken und die Kontrolle über das Denken und die Kreativität der Menschen gewinnen. Wer Kultur pauschal diffamiert, herabwürdigt oder als irrelevant abtut, der strebt nach einer vermeintlich homogenen und konfliktfreien Gesellschaft, in der Andersartigkeit keinen Platz hat und kritische Stimmen zum Schweigen gebracht werden sollen. Deshalb sind Theater, Literatur, Film, Musik, Clubs, Festivals, Museen, Galerien und andere kulturelle Einrichtungen keine bloße Nebensache oder ein luxuriöses Anhängsel einer funktionierenden Gesellschaft – sie sind vielmehr ein unverzichtbarer und integraler Teil der demokratischen Infrastruktur, die den freien Austausch von Ideen und Meinungen ermöglicht, zur kulturellen Vielfalt beiträgt, den gesellschaftlichen Zusammenhalt stärkt und uns hilft, uns in einer komplexen Welt zu orientieren.

Besonders im sensiblen und oft schwierigen Umgang mit den komplexen Themen Migration, Rassismus und dem Zusammenleben in einer vielfältigen Gesellschaft leisten Kulturinstitutionen oft mehr als politische Debatten in Parlamenten oder abstrakte Integrationskonzepte. Sie schaffen offene und einladende Räume, in denen Menschen unterschiedlicher Herkunft, Religion, sexueller Orientierung und Weltanschauung sich auf Augenhöhe begegnen können, ohne sich ständig rechtfertigen, beweisen oder anpassen zu müssen. Es sind Orte, an denen persönliche Geschichten erzählt werden dürfen, über kontroverse Themen offen und ehrlich gestritten werden darf und unterschiedliche Perspektiven und Erfahrungen verstanden und wertgeschätzt werden dürfen. Das ist keine naive Romantik oder idealistische Träumerei, sondern zutiefst politisch, da es zur Entwicklung einer inklusiveren, toleranteren und gerechteren Gesellschaft beiträgt und Vorurteile und Stereotype abbauen kann.

Deutschland ist nicht allein auf dieser Welt, und es darf sich angesichts der immensen globalen Herausforderungen auch nicht in einen nationalen Egoismus zurückziehen. Die großen und drängenden Fragen der Zukunft lassen sich nicht isoliert auf nationaler Ebene beantworten. Ganz im Gegenteil erfordern sie zwingend eine verstärkte Kooperation, einen offenen und ehrlichen Dialog und gemeinsame Anstrengungen auf internationaler Ebene.

Europa ist hier in besonderem Maße gefordert, es steht gegenwärtig an einem historischen Scheideweg: Entweder gelingt es der Europäischen Union, sich zu einem handlungsfähigen, geeinten und solidarischen Bündnis demokratischer Staaten weiterzuentwickeln, das seine gemeinsamen Werte und Interessen in einer zunehmend multipolaren Welt selbstbewusst und geschlossen vertritt und seine innere Stabilität bewahrt – oder es droht unter dem wachsenden Druck nationalistischer Bewegungen, wirtschaftlicher Ungleichheiten, politischer Divergenzen und geopolitischer Spannungen zu zerfallen und seine globale Bedeutung zu verlieren. Deutschland trägt in diesem kritischen Moment eine besondere und unverzichtbare Verantwortung für die Zukunft Europas: aufgrund seiner wirtschaftlichen Stärke, seiner zentralen geografischen Lage, seiner historischen Rolle und seiner politischen Bedeutung in der Europäischen Union. Und Deutschland muss dieser Verantwortung gerecht werden – ohne Überheblichkeit oder den Anspruch auf eine alleinige

Führungsrolle, aber mit Klarheit in seinen demokratischen Werten, mit Entschlossenheit in seinem Handeln und mit dem unbedingten Willen zur weiteren europäischen Integration und zur Stärkung der europäischen Einheit.

Gleichzeitig braucht Deutschland dringend eine neue, zeitgemäße und inklusive Form von Patriotismus: einen Patriotismus, der sich nicht länger durch die aggressive Abgrenzung von anderen Nationen und Kulturen definiert, sondern der sich vielmehr in einer aktiven Verantwortung für das versteht, was in der Vergangenheit geschehen ist, was in der Gegenwart ist und was in Zukunft kommen kann. Wer Deutschland wirklich liebt, wer sich um sein Wohlergehen sorgt und seine Zukunft sichern will, der darf es nicht den nationalistischen, rechtspopulistischen und extremistischen Kräften überlassen, die auf Spaltung, Ausgrenzung und die Wiederbelebung überkommener Ideologien setzen und die Grundlagen unserer offenen und vielfältigen Gesellschaft gefährden. Und wer ein starkes, geeintes und demokratisches Europa erhalten und weiterentwickeln will, der muss es gemeinsam mit seinen europäischen Partnern demokratisch weiterdenken, seine Institutionen stärken, seine Bürgerinnen und Bürger aktiv in den europäischen Integrationsprozess einbeziehen und sich entschieden gegen alle Kräfte stellen, die die europäische Idee untergraben wollen. Es ist höchste Zeit für eine Politik, die nicht nur kurzfristigen Umfragen und populistischen Stimmungen hinterherläuft, sondern die mutig, visionär und langfristig auf die Gestaltung einer besseren, gerechteren und nachhaltigeren Zukunft für alle Bürgerinnen und Bürger setzt und die notwendigen Veränderungen aktiv vorantreibt, anstatt den Kopf in den Sand zu stecken und auf ein Wunder zu warten.

Die entscheidende Frage, vor der Deutschland und Europa

heute stehen, sollte also nicht länger »Sind wir noch zu retten?« sein, sondern vielmehr die optimistischere und handlungsorientierte Variante: Sind wir wirklich bereit, uns selbst als Gesellschaft tiefgreifend zu verändern, unsere überkommenen Denkmuster zu überwinden, neue und innovative Wege zu gehen und die notwendigen Weichenstellungen für eine positive Zukunft rechtzeitig vorzunehmen – bevor der Druck von außen oder die Eigendynamik der Krisen so groß wird, dass andere diese Veränderungen für uns erzwingen und wir die Kontrolle über unsere eigene Zukunft verlieren?

Die ehrliche und mutige Antwort auf diese existenzielle Frage wird die zukünftige Gestalt Deutschlands und Europas maßgeblich und vielleicht endgültig bestimmen. Es ist an uns, zu entscheiden, ob wir wie der Mann im Film bis zum bitteren Ende mantraartig wiederholen wollen: »Bis hierher ging alles gut«, während wir dem unausweichlichen Aufprall entgegenstürzen, oder ob wir rechtzeitig die notwendigen Schritte einleiten, um die Landung so sanft wie möglich zu gestalten und eine lebenswerte Zukunft für uns und die kommenden Generationen zu sichern. Die Zeit des Zögerns ist vorbei. Jetzt zählt entschlossenes Handeln, denn es ist eigentlich ganz einfach. Viel einfacher als davor. Wir haben doch wirklich *alles* versucht: Dialogformate mit Rechtspopulisten, »Man wird ja wohl noch sagen dürfen«-Debatten, runde Tische mit eckigen Argumenten. Wir haben Verständnis gezeigt, Brücken gebaut, die dann direkt wieder angezündet wurden. Hat's geholfen? Nein.

Deshalb hier mein Tipp (narrensicher!): Stellt euch dagegen. Immer. Überall. Ohne Kompromisse. Nicht diskutieren, ob Faschismus vielleicht diesmal eine bessere Idee ist. Nicht abwägen, ob Menschenrechte »übertreiben«. Sondern klarmachen: Kein Platz für Hetze. Kein Platz für Rassismus. Kein Platz für die, die unsere Gesellschaft spalten wollen. Es gilt jetzt, die wirklich elementaren Themen anzugehen: soziale Gerechtigkeit, bezahlbarer Wohnraum, faire Bildung, Klimaschutz. Denn wenn Menschen echte Lösungen sehen, brauchen sie keine einfachen Parolen mehr.

Barack Obama hat sich im April 2025 an die US-Bürger gewandt: »Es wird niemand kommen, um euch zu retten. Das wichtigste Amt in dieser Demokratie ist der Bürger.« Du hast bisher vielleicht empört den Kopf geschüttelt, ab und zu was gepostet, manchmal gewählt. Warst auf einer Demo. Schön. Wirklich, ganz ohne Ironie. Ich weiß, du machst das nicht für mich, aber trotzdem: danke, von mir. Aber es reicht nicht, wenn wir auf die Wahlerfolge der AfD schauen. Widersprich. Im Alltag. Im Job. In der Familie. Auch wenn es unbequem wird. Halte das aus, geh in den Dialog. Akzeptiere deine Gegenseite (und ich meine jetzt nicht, wenn jemand den Holocaust leugnet). Misch dich ein. Geh wählen. Geh demonstrieren. Steh das nächste Mal auf, wenn ein Kevin Kühnert in der Straßenbahn angegangen wird. Unterstütz Initiativen. Gib Geld. Gib Zeit. Gib Haltung. Mehr als bisher. Denn Populismus stirbt nicht an Empörung. Er stirbt an Konsequenz. Der Weg ist also gar nicht kompliziert. Nur anstrengend.

Wisst ihr, ich bin in den Neunzigern groß geworden, dem hierzulande wahrscheinlich bequemsten Jahrzehnt ever, irgendwo zwischen Weltmeister, D-Mark und Backstreet Boys. Ich hatte Glück. Ich habe dadurch Kraft. Doch die fetten Jahre sind vorbei. Jetzt ist es Zeit, wieder aufzustehen. Es ist unser Land. Wir dürfen Deutschland nicht denen überlassen, die uns wieder wegnehmen wollen, was wir alles erreicht haben. Das Leben ohne Grenzen und mit Diversität ist besser. Ich lebe lieber jetzt als früher.

Nur so als Tipp

Du hast alles bisher gelesen, hast es verstanden, vielleicht nicht jedes Detail, aber du spürst, worum es geht? Und jetzt willst du was sagen, willst widersprechen, aber dir fehlen die Worte? Erinnerst du dich an den Sohn meiner Kollegin? Der plötzlich beim Abendessen irgendeinen rassistischen Müll von sich gab? Und vielleicht macht dein eigenes Kind das auch. Oder dein Vater. Deine Freundin. Dein Chef. Egal wer, und du weißt nicht, was du sagen sollst? Dann mach's dir einfach. Nimm dein Handy, fotografiere die Seiten ab und lade sie in irgendeine KI mit folgendem Hinweis:

> Bitte fasse den folgenden Text inhaltlich korrekt zusammen. Erkläre ihn so, dass [Zielperson – z. B. »ein Achtklässler«, »eine skeptische Tante«, »ein Azubi im ersten Lehrjahr«, »ein vielbeschäftigter Chef«, »eine Universitätsprofessorin ohne Vorwissen in dem Thema«] ihn gut verstehen kann. Vermeide Übertreibungen, Auslassungen oder eigene Meinungen. Gib den Sinn des Originals präzise wieder. Ergänze durch öffentlich einsehbare Quellen.

Ist sagte ja schon: Überzeugen ist Arbeit. Glaub nicht, die Populisten hätten das alles im Sitzen erreicht. Die sind laut. Die sind überall. Die organisieren sich, lügen, hetzen, provozieren – und das nicht aus Versehen, sondern mit System. Warum sollten wir also ausgerechnet mit Schweigen dafür sorgen, dass sie noch lauter werden? Also los. Erkläre. Wiederhole. Nicht perfekt – aber hörbar. Und: Wenn dein Gegenüber eine andere Meinung hat und nicht gleich das System stürzen will, sucht den Dialog, findet den Kompromiss.

Sonst können wir auch weitermachen wie bisher und uns über die meisten Themen nicht unterhalten, weil wir wieder dabei sind, beleidigt zu sein. Oder missverstanden. Oder wütend. Wir können dann die Rechtschreibung von Nazis auf *Facebook* korrigieren und uns dabei witzig und überlegen fühlen. Wir können auch wieder eines dieser Plakate aus dem Fenster hängen, worauf steht: »Deutschland bleibt bunt«. Oder bei *X* als Antwort, warum jemand so weit rechts wählt, eine Bildtafel posten: »Aus Protest AfD zu wählen, weil einem die Politik nicht gefällt, ist, wie in der Kneipe aus dem Klo zu trinken, weil einem das Bier nicht schmeckt. War mal witzig. Was haben wir gelacht. Aber bevor die in Potsdam die Ausschaffung der Migranten planen wollten. Ich sage es gerne noch mal: Wer glaubt, es reicht, im Kopf »dagegen« zu sein, der wird böse überrascht werden.

Oder wir machen es anders. Es liegt an uns, den Zusammenhalt in unserer Gesellschaft zu stärken, Vorurteile abzubauen und einander mit Respekt und Wertschätzung zu begegnen. Wie wichtig dieses Engagement ist, zeigt das Wirken der Menschen, die sich auf vielfältige Weise für Demokratie und Zivilcourage in diesem Land einsetzen und insbesondere junge Menschen für gesellschaftliche Themen begeistern. Ihre Arbeit zielt darauf ab, das Verständnis füreinander zu fördern und gesellschaftliche Gräben zu überwinden. Zahlreiche Bürgerinitiativen zeigen, dass gemeinsames Handeln tatsächlich etwas bewirken kann. Wo Nazis demonstrieren, stehen die Gegendemonstranten schon bereit. Fast überall.

Die Zukunft gehört denen, die bereit sind, über den Tellerrand zu schauen, die bereit sind, neue Wege zu gehen, die bereit sind, Vielfalt als Chance zu begreifen. Und vor allem: denen, die bereit sind, für eine gerechtere Welt zu kämpfen. Diese Architekten des Wandels sind längst unter uns. Man muss nicht US-Präsident sein, um die Welt zu verändern. Man muss nicht in den Talkshows sitzen oder auf den Titelseiten der Magazine prangen. Die Architekten des Wandels arbeiten vielmehr im Stillen, oft im Verborgenen, an den Fundamenten einer gerechteren Welt.

Da ist die junge Frau, die in einem Brennpunktviertel eine Nachbarschaftsinitiative gründet. Sie kennt die Gesichter der Armut, die Angst in den Augen der Kinder, die Hoffnungslosigkeit, die sich in den Straßen breitgemacht hat. Sie weiß, dass Gerechtigkeit nicht von oben verordnet werden kann, sondern von unten wachsen muss, wie ein zartes Pflänzchen, das sich durch den Asphalt kämpft.

Da ist der Lehrer, der in einer Schule unterrichtet, in der die Kinder nicht nur mit Lehrbüchern, sondern auch mit Vorurteilen und Benachteiligungen konfrontiert werden. Er sieht nicht nur die Schüler, sondern die unentdeckten Talente, die ungelebten Träume. Er weiß, dass Bildung nicht nur Wissen vermittelt, sondern auch Türen öffnet – Türen zu einer Welt, in der Herkunft nicht Schicksal ist.

Da ist die Aktivistin, die sich gegen die Zerstörung der Umwelt einsetzt. Sie steht auf den Barrikaden, nicht weil sie die Welt hasst, sondern weil sie sie liebt. Sie weiß, dass die Natur nicht nur eine Kulisse ist, sondern ein lebendiger Organismus, der uns alle trägt. Sie weiß, dass wir nicht die Erben unserer Vorfahren sind, sondern die Leihgeber unserer Kinder.

Da sind Journalisten und Journalistinnen, die Missstände aufdecken, Korruption entlarven, die Mächtigen zur Rechenschaft ziehen. Sie sind keine Heldinnen und Helden, die die Welt retten, sondern Chronisten, die die Wahrheit ans Licht bringen. Sie wissen, dass Gerechtigkeit nicht im Dunkeln gedeihen kann, sondern Licht und Transparenz braucht. Sie schauen nicht weg, wenn andere leiden. Sie schweigen nicht, wenn Unrecht geschieht. Sie geben nicht auf, wenn es schwierig wird. Sie erhalten den Funken der Hoffnung am Leben in einer Welt, die oft dunkel und kalt erscheint.

Sie wissen, dass Gerechtigkeit nicht ein Zustand ist, sondern ein Prozess, ein ständiges Ringen, ein unaufhörlicher Kampf. Sie wissen, dass wir nicht die Welt verändern können, indem wir auf den perfekten Moment warten, sondern nur indem wir im Hier und Jetzt handeln, mit all unseren Fehlern und Unvollkommenheiten. Sie zeigen uns, dass wir nicht ohnmächtig sind, dass wir nicht nur Zuschauer sind, sondern Akteure, dass wir nicht nur Opfer sind, sondern Gestalter. Sie machen uns Mut, inspirieren uns, erinnern uns, dass wir alle Teil einer größeren Geschichte sind, einer Geschichte, die noch nicht zu Ende erzählt ist. Ich sehe diese Menschen jeden Tag, das seid ihr.

Unsere Zukunft liegt in unseren Händen. Und wenn wir alle gemeinsam anpacken, wenn wir alle unseren Beitrag leisten, dann – ja, dann bin ich leidenschaftlich davon überzeugt, dass es uns gelingt, Deutschland zu einem besseren, gerechteren und lebenswerteren Land zu machen. Und das ist – trotz aller Herausforderungen – durchaus ein Grund für Hoffnung, für Zuversicht. Nicht pessimistisch sein, sondern optimistisch bleiben. Millionen sind nach Potsdam auf die Straße gegangen. Millionen sind nach der gemeinsamen Abstimmung von Union und AfD auf die Straße gegangen. Millionen sind vor der Bundestagswahl auf die Straße gegangen. Millionen haben die Wahlbeteiligung auf ein fast schon historisches Hoch getragen. Millionen wollen in Deutschland die Demokratie. Millionen haben kein Problem mit Migranten. Millionen sind keine Rassisten, keine Sexisten, Millionen wollen die Gleichberechtigung zwischen Mann, Frau oder was auch immer jemand in einer freien Welt sein möchte. Millionen haben kein Problem damit, wenn Menschen sich lieben, egal welchen Geschlechts sie sind. Millionen assoziieren mit dunkelhaarigen Männern keine Triebtäter, Messerstecher oder Terroristen. Millionen sehen den menschgemachten Klimawandel und ändern ihr Verhalten, Millionen wissen, dass Russland die Ukraine angegriffen hat und nicht umgekehrt. Millionen helfen jeden Tag aufs Neue in Ehrenämtern, Flüchtlingsunterkünften und Suppenküchen. Millionen geben mehr, als sie nehmen. Millionen wissen, dass »Nie wieder« jetzt und für immer ist und sein muss.

Und wenn ihr Angst habt, sage ich euch: Habt keine Angst, denn das ist es, was die wollen. Habt. Keine. Angst.

Florian Hartleb
Teenager-Terroristen
Wie unsere Kinder radikalisiert werden –
und wie wir sie schützen können
224 Seiten, Hardcover mit Schutzumschlag
ISBN: 978-3-455-02063-2
Hoffmann und Campe

Ob beim Anschlag auf das israelische Generalkonsulat von München oder beim vereitelten Angriff auf Konzerte von Taylor Swift in Wien – immer öfter sind die Terroristen im Teenageralter. Ein Phänomen, das unsere Sicherheit und die Grundfeste unserer Gesellschaft massiv erschüttert. Florian Hartleb, der sich seit vielen Jahren mit dem Thema Extremismus beschäftigt, zeigt in seinem Buch, wie die Jugendlichen verführt und radikalisiert werden, mit welcher Anziehungskraft Ideologien und Verschwörungstheorien wirken und welche Rolle dabei Social-Media- und Gamingplattformen spielen. Ein aufrüttelnder Einblick in die Szene – und zugleich eine Handreichung, wie wir Jugendliche vor dieser gefährlichen Entwicklung schützen können.

Ferdinand Gehringer, Johannes Steger
Deutschland im Ernstfall
Was passiert, wenn wir angegriffen werden
240 Seiten, Klappenbroschur
ISBN: 978-3-455-02108-0
Hoffmann und Campe

Das Szenario ist real und wird in der Politik vielfach durchgespielt: Deutschland wird in einen Krieg verwickelt. Gäbe es dann genügend Schutzräume für die Zivilbevölkerung? Ausreichend Medikamente? Wären unsere Daten sicher? Könnte das Internet ausgeschaltet werden? Und wer träfe die strategischen Entscheidungen?

Mit viel Insiderwissen und Detailkenntnis schildern die Autoren, was passiert, wenn unser Alltag einer allumfassenden Bedrohung ausgesetzt ist und Infrastruktur, Versorgung, Information und politischer Apparat sabotiert und angegriffen werden, ja gänzlich ausfallen. Ein packender und gleichsam seriöser Report über Ernstfallstrategien und die lebensweltliche Verteidigung unserer Demokratie.